AF451670

CATALOGUE

DES LIVRES

PRINCIPALEMENT

SUR L'ARCHÉOLOGIE, LES VOYAGES, LA NUMISMATIQUE, &

COMPOSANT LA BIBLIOTHÈQUE

DE FEU M. FÉLIX LAJARD

Membre de l'Institut, de l'Académie des Inscriptions et Belles-lettres,
de la Société Asiatique de Paris,
de l'Académie des Sciences de Berlin, de l'Académie des Beaux-Arts de Vienne,
de la Société d'Histoire naturelle de Moscou, de la Société des Antiquaires du Duché de Nassau,
des Académies royales de Lyon, de Marseille,
Chevalier de la Légion d'honneur et commandeur de l'ordre du Soleil de Perse,
auteur des Recherches sur le culte de Mithra, etc., etc.

DONT LA VENTE AURA LIEU LE LUNDI 14 NOVEMBRE 1859
ET LES CINQ JOURS SUIVANTS

A 7 heures précises du soir

RUE DES BONS-ENFANTS, 28
SALLE N° 2, AU PREMIER

Par le ministère de M° CLÉRAMBAULT, commissaire-priseur
rue de Rivoli, 81

PRIX : 1 FRANC

PARIS

ERNEST GOUIN, LIBRAIRE
QUAI DES AUGUSTINS, 25

1859

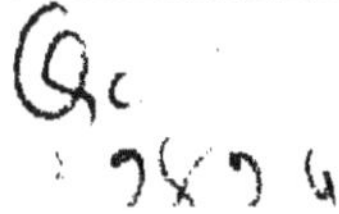

CATALOGUE

DE LA

BIBLIOTHÈQUE

DE

FEU M. FÉLIX LAJARD

PARIS — TYPOGRAPHIE GAITTET

Rue Gît le-Cœur, 7

CATALOGUE
DES LIVRES

SUR L'ARCHÉOLOGIE, LES VOYAGES, LA NUMISMATIQUE, &

COMPOSANT LA BIBLIOTHÈQUE

DE FEU M. FÉLIX LAJARD

Membre de l'Institut, de l'Académie des Inscriptions et Belles-lettres,
de la Société Asiatique de Paris,
de l'Académie des Sciences de Berlin, de l'Académie des Beaux-Arts de Vienne,
de la Société d'Histoire naturelle de Moscou, de la Société des Antiquaires du Duché de Nassau,
des Académies royales de Lyon, de Marseille,
Chevalier de la Légion d'honneur et commandeur de l'ordre du Soleil de Perse,
auteur des Recherches sur le culte de Mithra, etc., etc.

DONT LA VENTE AURA LIEU LE LUNDI 14 NOVEMBRE 1859
ET LES CINQ JOURS SUIVANTS

A 7 heures précises du soir

RUE DES BONS-ENFANTS, 28
SALLE N° 2, AU PREMIER

Par le ministère de Me CLÉRAMBAULT, commissaire-priseur
rue de Rivoli, 91

PARIS

ERNEST GOUIN, LIBRAIRE
QUAI DES AUGUSTINS, 25

1859

La Bibliothèque que nous livrons aujourd'hui aux en-
chères, quoique peu considérable, mérite encore quelque
attention. Parmi les 1100 numéros qui la composent, se
trouvent groupés un nombre assez important d'ouvrages
remarquables.

Composée principalement d'ouvrages sur les voyages,
l'archéologie et la numismatique, nous citerons seulement
les articles suivants : Géographie de STRABON, 5 vol. in-4;
Description de l'Arménie, par Ch. TEXIER ; Voyage en
Perse de FLANDIN, PORTER, OUSELEY, etc.; la Bibliothèque
orientale, de l'Imp. roy., 8 vol. in-fol.; le PLUTARQUE de Duboys; les Religions de l'antiquité, par CREUZER; MOOR. the
Hindu Pantheon; le Zend Avesta de DU PERRON; Statistique
monumentale de Paris; le Monument de Ninive, par FLAN-
DIN; id. par LAYARD, 2 vol. in-fol.; OUSELEY, oriental collections; Antichita della Sicilia, 5 vol. in-fol.; le Musée de
sculpture de CLARAC; BOECKIUS, Corpus Inscriptionum Gr.;
le GRUTER corpus inscriptionum, exemplaire en gr. papier;
la REVUE NUMISMATIQUE; le Dict. Persan de RICHARDSON et
WILKINS; un DICTIONNAIRE de la langue TALENGA, manuscrit que nous croyons inédit; le CICÉRON de D'OLIVET, de
bonne édition, 9 vol., v. f.; l'Académie des inscriptions,

CATALOGUE

DE LA

BIBLIOTHÈQUE

DE

FEU M. FÉLIX LAJARD

HISTOIRE.

GÉOGRAPHIE, TOPOGRAPHIE ET VOYAGES.

1. Mémoires sur les systèmes géographiques des Grecs et des Arabes, par Sédillot. *Paris*, 1842, in-4, br., cartes.

2. Essai sur la géographie astronomique du Prométhée d'Eschyle, par Eug. Thomas. *Montpellier*, 1850, in-4, br.

3. Strabonis rerum geographicarum libri XVII. *Lipsiæ*, 1796, 7 vol. in-8, br.

4. GÉOGRAPHIE DE STRABON, traduite du grec en français (par MM. de la Porte du Theil, Coray et Letronne, avec des notes et une introduction, par Gosselin). *Paris, Imp. imp.*, 1805-1819, 5 vol. gr. in-4, veau r. dent.

   Superbe exemplaire.

5. Dav. Michælis spicilegium geographiæ hebræorum exteræ post Bochartum. *Gottingæ*, 1769, 2 part. en 1 vol. pet. in-4, dem.-rel.

"

6. Le Grand dictionnaire géographique, historique et critique, par Bruzen de la Martinière. *Paris,* 1739, 6 vol. in-fol., v. m.

7. Bischoff und Muller. Vergleichendes Worterburch der alten, mittleren und neven geographie. *Gotha,* 1829, in-8, v. ant., fil.

8. Pomponii Melæ de situ orbis lib. III ad plurimos cod. mss. etc. recensiti, cum notis vel integris vel selectis variorum edidit Tzschuckius. *Lipsiae,* 1807, 7 vol. in-8, v., gr. dent., tr. d.
Très-bel exemplaire en papier vélin.

9. Essai sur l'histoire de la cosmographie et de la cartographie pendant le moyen-âge, par le vic. de Santarem. *Paris,* 1849–1850, 2 vol. in-8, br.

10. Recherches sur la découverte des pays situés sur la côte occidentale d'Afrique au-delà du cap Bojador, par le vic. de Santarem. *Paris,* 1842, in-8, br. (*envoi d'auteur*).
Accompagné d'un atlas composé de 32 mappemondes et cartes pour la plupart inédites dressées depuis le xiᵉ jusqu'au xviiᵉ siècle, et publié aux frais du gouvernement portugais, magnifique publication dont les cartes sont supérieurement enluminées d'après les manuscrits.

11. Histoire des grands chemins de l'empire romain, par Nic. Bergier. *Bruxelles,* 1736, 2 vol. in-4, v. br., fig.

12. De l'utilité des voyages et de l'avantage que la recherche des antiquités procure aux savants, par Baudelot de Dairval. *Paris,* 1686, 2 vol. in-12, v. br.

13. Périple de Marcien d'héraclée, épitome d'Artemidore, Isidore de Charax, etc , où supplément aux dernières éditions des petits géographes, par Muller. *Paris, Imp. roy.,* 1839, gr. in-8, br.

14. Voyage de Néarque, des bouches de l'Indus jusqu'à l'Euphrate, ou journal de l'expédition de la flotte d'Alexandre, etc., trad. de l'anglais de W. Vin-

cent par Billecocq. *Paris*, an VIII, gr. in-4, cartes,
d. rel. v. (*Duplanil.*)

15. Foê Kouê Ki ou relation des royaumes bouddhi-
ques : voyage dans la Tartarie, dans l'Afghanistan et
dans l'Inde, exécuté à la fin du ive siècle, traduit
du chinois et commenté par Abel Remusat. *Paris,
Imp. roy.*, 1836, gr. in-4, cartes, br. (*vendu* 26 fr.
Walck.)

16. Relation des voyages faits par les Arabes et les
Persans dans l'Inde et à la Chine dans le ixe siècle,
pub. par Reinaud. *Paris, Imp. roy.*, 1845, 2 vol.
in-18, br.

17. Relation des voyages de Sæwulf à Jérusalem et
en Terre-Sainte, en 1102 et 1103, publié pour la
première fois (par d'Avezac). *Paris*, 1839, br.
in-4.

18. Viaggi di Pietro della Valle. *Roma*, 1650-1663,
4 vol. in-4, v. m., rel. fatiguée.

Un volume plus court quoique de reliure uniforme.

19. Relation d'un voyage fait en Europe à la fin du
xve siècle, par Martyr, traduite de l'arménien, par
Saint-Martin. *Paris*, 1827, in-8, br.

20. Orbis antiqui monumentis suis illustrati primæ
lineæ iterum duxit Oberlinus. *Argentorati*, 1790,
pet. in-8, v. gr.

21. Excursions daguerriennes dans divers pays, vues
de monuments anciens, etc. gr. in-4, obl,, d.-rel.

22. Hassel. Statistischer Umrifs der saemtlichen Eu-
ropaeischen Staaten. *Braunschweig*, 1805, 2 vol.
in-fol., br.

23. Description de la Grèce de Pausanias, traduction
nouvelle (texte en regard), par Clavier. *Paris*,
1814, 5 vol. in-8, br.

24. Pausanias, description de la Grèce, tr. de Clavier.
1823, supp., in-8, br.

25. Voyages et recherches dans la Grèce, par Brond-sted. *Paris, Didot*, 1830, 2 vol. gr. in-4, cart.

Orné d'un grand nombre de monuments inédits, récemment découverts, ainsi que de cartes et vignettes.

26. Voyage dans la Grèce asiatique, par l'abbé Sestini. *Paris*, 1789, in-8, d.-rel.

27. Panofka. Argos Panoptes aus zeugnissen alter Schrift und Kunst ans Licht Gestellt. *Berlin*, 1838, in-4, 5 pl. color. (*envoi d'auteur*).

28. Karl Hoech. Kreta. Ein Versuch zur aufhellung der mythologie und geschichte, etc. *Gottingen*, 1823, 2 vol. in-8, br.

29. ENGEL. Kypros. eine monographie von Engel. *Berlin*, 1841, 2 vol. in-8, br. (*vendu* 20 *fr. Walck.*)

30. Atlas des nouvelles recherches historiques sur la principauté française de Morée, par Buchon, in-fol. en liv.

31. Lud. Ross. Reisen des Konigs Otto und der Koniginn Amalia in Griechenland. *Halle*, 1848, 2 vol. in-8, br.

32. Forbin (le comte de). Souvenirs de la Sicile. *Paris, Imp. roy.*, 1823, gr. in-8, pap. vél., fig., d.-rel.

33. Souvenirs du Golfe de Naples, par le comte Turpin de Crissé. *Paris*, 1828, in-fol., pap. vél., fig. dans un carton.

34. Description des Gaules, tirée des cartes imp. et manuscrites des S. Sanson, corrigée sur les remarques de dom Bouquet et les dissertations de l'abbé Lebœuf, par Robert. *Paris*, 1738, carte gr. in-fol. in plano.

35. Notice de l'ancienne Gaule tirée des monuments romains, par Danville. *Paris*, 1760, in-4 v. éc., fil., tr. d.

Bel exemplaire avec la carte ajoutée.

36. Essai sur le système des divisions territoriales de la Gaule depuis l'âge romain jusqu'à la fin de la dynastie carlovingienne, par Guérard. *Paris*, 1832, in-8, br. (*envoi d'auteur.*)

37. Voyage dans les départements du midi de la France, par Millin. *Paris, Imp. imp.*, 1807. 4 vol. in-8 et atlas in-4, br.

38. Journal d'un voyage en Savoie et dans le midi de la France en 1803 et 1805, par le comte de la Bédoyère. *Paris, Crapelet*, 1849. in-8, fig., br.

Exemplaire en papier de Hollande.

39. Alaise, Alise, ni l'une ni l'autre ne peut être Alesia, études critiques d'histoire et de topographie, par Revillout. *Paris*, 1856, gr. in-8, br. (*envoi de l'auteur.*)

40. Archéologie de Mons Seleucus, ville romaine dans le pays des Voconces. *Gap*, 1806. in-8, br.

41. Les monumens d'Arles antique et moderne, par Clair. *Arles*, 1837, gr. in-8, br.

42. Études archéologiques et statistiques sur Arles. par Estrangin. *Aix*, 1838, in-8, fig., d.-rel.

43. Hist. de la ville d'Orange et de ses antiquités, par Gasparin. 1815, in-12, d.-rel., 6 pl.

44. Rapport sur les fouilles d'antiquités faites à Aix de 1841 a 1844, par M. Rouard. *Aix*, 1841-44, 3 part. in-4, br., 14 pl. (*envoi d'auteur*).

45. Lettres sur les tours antiques qu'on a démolies à Aix en Provence et sur les antiquités qu'elles renfermoient, par Gibelin, *Aix*, 1787, in-4, 14 pl., br., gr. papier.

46. Mém. sur les diverses antiquités de la Drôme et sur les différents peuples qui l'habitaient avant la conquête des Romains, par l'abbé Chalieu. *Valence*, s. d., in-4, br.

47. Histoire du château et du bourg de Blandy en

Brie, par H. Taillandier. *Paris*, 1854, gr. in-8, fig., br.

Exemplaire en papier de Hollande, avec envoi d'auteur.

48. Mém. sur les antiquités de la Sologne blésoise, par De la Saussaye. *Paris*, 1844, gr. in-4, prem. liv., 13 pl. (*envoi d'auteur*).

49. Lettres archéologiques sur Marseille, par Lautard. *Marseille*, 1844, in-8, br. (*envoi d'auteur*).

50. Sacken. Die Romische stadt Carnuntum, etc. 1852-1853, 2 br. gr. in-8, 14 pl.

51. Voyage en Suisse, par M. Decaze, cons. d'Etat, 1786, in-8, mar. cit. fil. tr. d.

Manuscrit que nous croyons inédit.

52. Lettres sur la Suisse, par Sazerac, Engelmann, de Villeneuve et Golbéry. *Paris*, 1823, 4 tom. en 2 vol. in-fol., fig., d.-rel.

53. Histoire de la Sardaigne ancienne et moderne, par Mimaut. *Paris*, 1825, 2 vol. in-8, br.

54. La Russie ouverte, collection complète des habillements de toutes les nations qui se trouvent dans l'empire de Russie. *Saint-Pétersbourg*, 1774-1776, in-fol., 16 livr., contenant 80 pl. color.

55. Mémoire sur les Samojèdes et les Lapons. *Copenhague*, 1766, in-8. v. m.

Rare.

56. Mémoires relatifs à l'Asie, par Klaproth. *Paris*, 1826-1828, 3 vol. in-8, les 2 premiers rel.

57. Ritter. Geographie. *Berlin*, 1855, in-8, br. (3e vol. West-Asien).

58. Diez. Denkwardigkeiten Von Asien. *Berlin*, 1811, 2 vol. in-8, v. f. fil.

59. Lud. Ross. Kleinasien und Deutschland. *Halle*, 1850, in-8, fig. br.

60. Breitenbauch. Beitraege zur geschichte der un-

bekannter Reiche Von Asien und Africa. *Weimar,*
1800, 2 tom. en 1 vol. in-12, d.-rel.

61. Instructions à l'usage des voyageurs en Orient,
les Croisades, par le marquis de Pastoret, *Paris,*
impr. impér., 1856, grand in-8, br.

62. Memoirs relating to European and Asiatic, Turkey and others countries of the east : by Rob. Wal-
pole. *London,* 1818, gr. in-4, fig., cart. non rogn.

63. Voyage de la Troade, par J. B. Lechevalier.
Paris, 1802, 3 vol. in-8 et atlas gr. in-4, v. rac.,
fil., tr. dor.

64. A tour to the east, with remarks on the city of
Constantinople by lord Baltimore. *London,* 1767,
pet. in-8, cart. et fig., v. gr., fil.

65. Allgemeine encyclopædie. *Leipzig,* 1842, in-4,
cart.

Troisième volume: concernant la Perse.

66. DESCRIPTION DE L'ARMÉNIE, la Perse et la Méso-
potamie, publiée sous les auspices des ministres
de l'intérieur et de l'instruction publique, par Ch.
Texier. *Paris, Didot,* 1842, gr. in-fol., en 31 liv.
Parmi les gravures plusieurs sont en or et en couleurs.

67. Mémoires historiques et géographiques sur l'Arménie, par Saint-Martin. *Paris, impr. Roy.* 1818,
2 vol. gr. in-8, br.

68. Recherches sur l'histoire et la géographie de la
Mésène et de la Characène, par J. Saint-Martin.
Paris, impr. Roy. 1838, in-8, br.

69. Voyage en Perse, en Arménie, en Asie-Mineure
et à Constantinople, par Morier. *Paris,* 1813, 2
vol. in-8, v. gr. et atlas in-4 obl., cart. (vendu
27 francs Walck.)

70. Palestine. Description géographique, historique
et archéologique, par S. Munk. *Paris,* 1845, in-
8, br., 71 pl.

71. Stark. Gaza und die philistaïsche Kuste, eine monographie Von Stark. *Iéna*, 1852, in-8, br., avec pl.

72. Relation d'un séjour de plusieurs années à Beyrout et dans le Liban, par H. Guys. *Paris*, 1847, 2 vol. in-8, br.

73. Travels in Chaldaea, With observations on the sites and remains of Babel, Seleucia, and Ctesiphon by Rob. Mignan. *London*, 1829, in-8, cart. et fig. cart.

74. Travels in Mesopotomia, including a journey to the ur of the Chaldees, and the ruins of Nineveh and Babylon, by J. S. Buckingham. *London*, 1827, in-4, fig. v. fauve, fil.

75. Travels in Babylonia, Assyria, media and Scythia, by major Keppel. *London*, 1827, 2 vol. in-8, fig. cart.

76. Relation du voyage de Perse et des Indes-Orientales, trad. de l'angl. de Thom. Herbert. *Paris*, 1663, in-4, v. m.

77. L'Ambassade de D. Garcias de Figueroa en Perse, contenant une relation exacte de tous les lieux de Perse et des Indes, où cet ambassadeur a été, trad. de l'espagnol par de Wicqfort. *Paris*, 1667, in-4, v. éc.

    Bel exemplaire en grand papier.

78. Journal du voyage de Chardin en Perse et aux Indes-Orientales. *Londres*, 1686, in-fol., tit. gr. port. fig. v. f.

    Première partie et le seule paruc contenant le voyage de Paris à Ispahan.

79. Voyages du Ch. Chardin en Perse et autres lieux de l'Orient. *Amst.*, 1735, 4 vol. in-4, portr. fig., v. br. fil.

80. Voyage au Levant, c'est-à-dire dans les princi-

paux endroits de l'Asie-Mineure, dans les îles de Chio, Rhodes, etc., par Corn. Le Brun. *Paris,* 1714, 1 vol. in-fol., v. br. fil.

> Très-bel exemplaire en grand papier; il contient 210 planches plus 1 front. gravé, 1 portrait et une carte.

81. Voyages de Corneille Le Brun par la Moscovie, en Perse et aux Indes-Orientales, avec les antiquités de ces pays, et particulièrement celles du fameux palais de Persépolis. *Amst. Wetstein,* 1718, 2 vol. in-fol., 261 fig., v. br.

> Bel exemplaire en grand papier avec le front. gravé, le portrait et les 3 cartes.

82. Relation d'un voyage fait par ordre du roi, par Pitton de Tournefort. *Paris, impr. royale,* 1717, 2 vol. in-4, fig. v. m.

> Bel exemplaire.

83. Voyages faits de Perse aux Indes-Orientales, par le S. de Mandelslo, traduits par de Wicquefort. *Amst.,* 1727, 2 tom. en 1 vol. in-fol., fig. v.

84. Worms. Ost-Indian und Persianische Reisen. *Franckfurt,* 1745, pet. in-8, cart.

85. A Journey through Persia, Armenia, and Asia-Minor, to Constantinople in the years 1808 and 1809, by James Morier. *London,* 1815, gr. in-4, fig. v. gr. fil. (vendu 91 fr. Langlès).

86. Travels in various countries of the east; more particularly Persia, a work wherein the author has described, as far as his own observations extended, the state of those countries in 1810 1811 and 1812, by Will. Ouseley. *London,* 1819, 3 vol. gr. in-4. cart. non rog., 80 pl. (vendu 130 fr. Langlès, 150 fr. en v. f. Walckenaer.

87. A Geographical memoir of the Persian empire, by Jonh Macdonald Kinneir. *London Murray,* 1813, gr. in-4, cart. non rog.

88. An account of the Kingdom of Caubul, ant its

dependencies in Persia, Tartary, and India, by Mountstuart Elphinstone. *London*, 1815, in-4, v. ant. à comp. fil. dent. (rel. de Duplanil).

Très-bel exemplaire dont toutes les planches sont coloriées.

89. A second journey through Persia, Armenia, and Asia-Minor, to Constantinople between the years 1810 and 1816, by James Morier. *London*, 1818, gr. in-4, fig. cart. non rog. (vendu 102 fr. Langlès).

90. Travels in Georgia, Persia, Armenia, ancient Babylonia, etc., etc., during the years 1817, 1818, 1819 and 1820, by sir Rob. Ker Porter. *London*, 1821, 2 vol. gr. in-4, cart. non rog.

Voyage curieux à cause des monuments d'antiquité qu'il fait connaître, il est orné d'un grand nombre de planches dont quelques-unes sont coloriées, vendu 185 Langlès, 132 fr. Walckenaer.

91. Travels and adventures in the Persian provinces on the Southern banks of the Caspian sea, by James Fraser. *London*, 1826, grand in-4, cart. non rog.

92. Travels from India to England; comprehending a visit to the Burman empire, and a journey through Persia, Asia-Minor, European Turkey, etc., in the years 1825-26, by Edward Alexander. *London*, 1837, gr. in-4, port. fig. cart. non rog.

93. Travels in Assyria, Media and Persia; including a journey from Bagdad across mount Zagros, by the pass of Alexander to Hamadan, the ancient Ecbatana, researches in Ispahan and the ruins of Persepolis, etc., by J. S. Buckingham. *London*, 1829, gr. in-4, fig. cart.

94. An account of the transactions of his majesty's mission to the court of Persia in the years 1807-1811. *London*, 1834, 2 vol. in-8, fig. cart.

95. Voyage en Perse de MM. Eug. Flandin et Pascal
Coste, architecte. *Paris, Gide,* gr. in-fol., 6 vol.,
dont 5 de planches, plus 2 vol. in-8, relation du
voyage.

> Exempl. collationné et mis en ordre, 330 pl. le prix
> de publication est de 1,400 fr.

96. Recueil sur la Perse, in-8, d.-rel.

> Contenant: Gardane, voy. dans la Turquie d'Asie et la
> Perse, 1809. — Rousseau, notice hist. sur la Perse et sur
> ses peuples, Marseille, 1818. — Extrait d'un itinéraire en
> Perse par la voie de Bagdad, Paris 1813.

97. Travels into Bokhara; being the account of a
journey from India to Caboul, Tartary and Persia, by Alex. Burnes. *London,* 1834, 3 vol. in-8,
cart. non rog. (vendu 28 fr. Walck).

98. Travels in Beloochistan and Sinde; accompanied
by a geographical and historical account of those
countries, with a map. by Henry Pottinger. *London,* 1816, gr. in-4, v. f. à comp. fil. (*Duplanil.*)
(Vendu 36 fr. Langlès.)

99. Histoire du Grand royaume de la Chine, situé
aux Indes-Orientales, mise en français par Luc de
Laporte. *Paris,* 1588, in-8, v. (*Très-taché.*)

100. De Riquebourg-Trigaut. Histoire de l'expédition chrestienne au royaume de la Chine, *Lille,*
1617, in-4, v.

101. Voyage de Siam (par le R. P. Tachard). *Paris,*
1686-1689, 2 vol. in-4, fig., v. br.

103. Ambassades de la comp. des Indes d'Orient
vers l'empereur du Japon. *Leyde,* 1686, 2 vol. pet.
in-12, fig., v. br.

104. Niébuhr. Description de l'Arabie. — Voyage en
Arabie. — Recueil de questions proposées à une
société de savants qui font le voyage de l'Arabie

par Michaelis. *Amst.*, 1774-1788, 4 vol. in-4., fig., br.

105. Voyage de l'Arabie heureuse par D. L. R. (de la Roque) *Paris*, 1716-1717, 2 vol. in-12, fig., v. br.

106. Voyage en Arabie par Niébuhr. *Amst.*, 1776, 2 vol. in-4., fig., d. rel.
Exempl. annoté par l'abbé de Tersan.

107. Etudes géographiques et historiques sur l'Arabie par Jomard. *Paris*, 1839, in-8, cartes br. (*envoi d'auteur*).

108. Lettres écrites d'Egypte sur divers monuments nouvellement explorés et dessinés par Nestor l'Hôte, avec des remarques de Letronne. *Paris*, 1840, in-8, br., 63 dessins gravés sur bois.

109. Recherches sur la topographie de Carthage par Dureau de Lamalle. *Paris*, 1835, in-8, br.

110. Edrisii africa, curavit Hartmann. *Gottingae*, 1796, in-8, v. fil.

111. ALGÉRIE HISTORIQUE pittoresque et monumentale, par Berbrugger. *Paris*, 1843, 3 vol. gr. in-fol. en livr.

112. Memoria em que se pertende provar que os arabes nao conhecerao as canarias antes dos Portuguezes, par José da Costa de Macedo. *Lisboa*, 1844, gr. in-4 br. (*envoi d'auteur*).

113. Voyage dans la République de Colombia en 1823, par Mollien. *Paris* 1825, 2 vol. in-8, fig., br.

114. Essai politique sur le royaume de la nouvelle Espagne, par De Humboldt. *Paris*, 1811, 5 vol. in-8, d. rel.

115. Voyages dans la partie septentrionale du Brésil, par Koster, trad. de l'ang. par Jay. *Paris*, 1818, 2 vol. in-8, fig., col., v.

116. Relation des îles Pelew situées dans la partie
occid. de l'océan pacifique. *Paris*, 1793, 2 vol.
in-8, fig., mar. vert, fil. tr. d.

HISTOIRE ANCIENNE.

117. Tablettes chronologiques de l'histoire universelle
sacrée et profane, par Lenglet Dufresnoy. *Paris*,
1778, 2 vol. in-12, v.

118. Programme d'histoire universelle d'après le plan
d'études, par Desdevises du Désert. *Paris*, 1857,
in-8, br.

119. Lud. Ideler. Handbuch der mathematischen und
technischen chronologie. *Berlin*, 1825-26, 2 vol.
in-8, v. rac. fil.

120. Ideler. Lehrbuch der chronologie. *Berlin*, 1831,
in-8, d. rel.

121. Recherches sur l'année vague des Egyptiens,
par Biot. *Paris*, 1831, in-4, 4 pl. br. (*envoi d'auteur*).

Nombreuses notes marginales de M. Lajard.

122. Mémoire sur les signes employés par les anciens
Egyptiens à la notation des divisions du temps,
par Champollion le jeune. *Paris, Imp. roy.*, 1841,
in-4, br. 6 planch.

123. Histoire du calendrier romain, par Blondel,
Paris, 1682, in-4, v. br.

124. Ideler. Ueber die Zeitrechnung der Chinesen,
1837, in-4, br.

125. Muller. Nachlese historischer schriften. Von Gott-
fried von Herder. Herausgegeben von Muller.
Carlsruhe, 1820, in-8, br. (*sur Persepolis*).

126. Munter. Der Stern der Weisen, untersuchungen

uëber das Geburtsjahr Christi. *Kopenhagen*, 1827, in-8, fig. br.

127. Eichhorn. Beytraege zur Geschichte and topographie von Kaernten. *Klagenfurt*, 1817, 2 vol. — Kampf et Mayer. Kaerntnerische Zeitschrift. *Klagenfurt*, 1828-31, 6 vol. pet. in-8.

128. Dictionnaire historique et critique de Bayle, aug. de remarques critiques et de la vie de l'auteur, par Des Maizeaux. *Amst.*, 1734, 5 vol. in-fol. v. m.

129. Les peuples primitifs de la race de Jaféte, par Bergmann. *Colmar*, 1853, gr. in-8, br. (*envoi d'auteur*).

130. Tableau des peuples qui habitent l'Europe, classés d'après les langues qu'ils parlent, etc., par Fr. Schoell. *Paris*, 1812, in-8, carte dem. rel.

131. Manuel de l'histoire ancienne, traduit de l'all. de Heeren par Thurot. *Paris*, 1827, in-8, br.

132. Heeren. Ideen uber die politik den Verkehr and den handel der vornehmsten volker der alten Welt. *Gottingen*, 1815, 4 vol. in-8, br.

133. Roulez. Ptolemaci hephaestionis novarum historiarum. *Lipsiæ*, 1834, in-8, d. rel.

134. Histoire d'Hérodote, traduite du grec avec des remarques hist. et critiques, par Larcher. *Paris*, 1786, 7 vol. in-8, v. éc. fil.

135. Ritter. Die Vorhalle Europaeischer volkergeschichten vor Herodotus. *Berlin*, 1820, in-8, br.

136. Dahlmann. Herodot. aus Seinem Buche sein Leben, von Dahlmann. *Altona*. 1823, in-8, d. rel.

137. Diodori Siculi bibliothecæ historicæ quæ supersunt, ex nova recensione Dindorfii, græce et latine, *Paris*, *Didot*, 1842, 2 vol. gr. in-8, d. rel. v. f.

138. Bibliothèque historique de Diodore de Sicile, trad. par Hœfer. *Paris*, 1846, 4 vol. in-18, br.

139. Xenophontis opera. *Lipsiae,* 1798, 6 vol. in-8, br.

140. OEuvres de Xénophon, trad. en français (texte gr. en regard), par Gail. *Paris,* an III, in-8, v.

141. Arriani Anabasis et Indica ex optimo codice Parisino emendavit et varietatem ejus libri retulit Fr. Dubner. *Parisiis, Didot,* 1846, gr. in-8, br.

142. Dionysii halicarnassei opera omnia, gr. et lat., cum annotationibus diversor. et J. Reiskc. *Lipsiae,* 1774-77, 6 vol. in-8, v. rac.

143. Herodiani historiarum, lib. VIII gr. et lat. *Edinburgi,* 1724, in-8, v. f. fil.

144. Herodiani historiarum lib. VIII, ad cod. venetum recognovit Bekkerus, *Berolini,* 1826, in-8, v. r. à comp. fil. fers à fr.

145. Polybii historiarum quidquid superest, gr. et lat., recensuit, digessit et adnotationibus doct. virorum suisque illustravit, lat. Casauboni versionem reformavit Schweighaeuser. *Lipsiae,* 1789-1795, 9 vol. in-8, pap. fort, v. rac. fil. (*bel exemplaire*).

> Cette édition est considérée comme la meilleure de cet auteur.

146. Suppl. Editionis Polybii Schweighaeuseranae continens Aeneae Tactici comm. *Lipsiae,* 1818, in-8, br.

147. Jul. Caesaris opera, e recens. Oudendorpii, post Cellarium et Morum denuo curavit Oberlinus. *Lipsiae,* 1805, in-8, v. ant. fers à fr. fil. (*Duplanil*).

148. Ammiani Marcellini rerum gestarum lib. ex recens. Gronoviana indicem et gloss. adjecit Ernesti. *Lipsiae,* 1773, in-8, d. rel.

149. Eusebii Pamphili chronicon bipartitum, nunc primum ex armeniaco textu in latinum conversum, adnotationibus auctum, graecis fragmentis exornatum opera J. B. Aucher ancyrani monachi armeni.

Venetiis typis caenobi PP. armenorum, 1818, 2 tom en 1 vol. in-4., d. rel.

150. Eusebii Pamphili chronicorum canonum libri duo, opus ex haicano codice a Joh. Zohrabo diligenter repressum et castigatum; Ang. Maius et Joh. Zohrabus nunc primum conjunctis curis latinitate donatum notisque illust. additis graecis reliquis ediderunt. *Mediolani Regiis typis*, 1818, gr. in-4, broch.

151. Nicolai Damasceni historiarum excerpta et fragmenta quæ supersunt græce. Edid. Orellius. *Lipsiæ*, 1804, in-8, d.-r. v.

152. Uber die Vorbedingungen zur entstehung einer chronologie bei den Aegyptern und die Moglichkeit ihrer Wiederherstellung als einleitung zur Chronologie der Aegyter von Lepsius. *Berlin*, 1848, gr. in-4, cart. (*envoi d'auteur*).

153. Essai sur l'ancienne Egypte, par De Circourt. *Paris*, 1854, in-12, br.

Tiré à 15 exemplaires.

154. Examen critique de la succession des dynasties égyptiennes, par Brunet de Presle. *Paris*, 1856, gr. in-8, br. (1re *partie, envoi d'auteur*.)

155. Campagne de Ramsès-le-Grand contre les Schéta et leurs alliés, manuscrit hiératique égyptien. Notice sur ce ms., par Salvolini. *Paris*, 1835, in-8, br. (*envoi d'auteur*.)

156. Die proklamation des Amasis an die Cyprier bei der bezitznahme cyperns durch die aegypter. Entzifferung der erztafel von Idalion in des herrn herzogs von Luynes (*numismatique et inscriptions cypriotes*) von Roth. *Paris*, 1855, gr. in-4, cart.

Exemp. en pap. de Holl. offert par M. De Luynes.

157. Ludolfi ad suam historiam Æthiopicam commentarius. *Francofurti*, 1691, in-fol. port. fig., v. br.

158. De rebus Babyloniis et originibus veterum Chaldæorum dissertatio. *Upsaliæ*, 1830, br., in-4.

159. Recherches sur la chronologie des empires de Ninive, de Babylone et d'Ecbatane, par de Saulcy. *Paris*, 1849, in-8, br.

160. Histoire des Juifs, par Prideaux. *Paris*, 1742, 6 vol. in-12, cart. et fig., d.-rel.

    Exemp. en grand papier.

161. Philonis judæi opera omnia, gr. et lat., ad editionem Th. Mangey, collatis aliquot mss. edenda curavit Pfeiffer. *Erlangæ*, 1785-1792, 5 vol. in-8, v., ant., fil. (*bel exempl.*)

162. De l'autorité historique de Flavius Josephe, par Philarète Chasles. *Paris*, 1841, in-8, br. (*envoi d'aut.*).

163. Movers. Die Phonizier. *Bonn*, 1841-1856, 4 vol. in-8, br.

164. Botticher. Geschichte der Carthager. *Berlin*, 1827, in-8, v. ant. fil.

165. Movers. Das opferwesen der Kartager. Commentar zur opfertafel von Marseille. *Breslau*, 1847, in-8, br., pl.

166. Muller. Geschichten hellenischer stamme und stadte. *Breslau*, 1820-24, 3 vol. in-8, br.

    Orchomenos und die minyer 1 vol. — Die Dorier 2 vol.

167. Curtius. Griechische geschichte. *Berlin*, 1857, in-8, br. (*tome Ier seul paru*).

168. Dictys Cretensis et Dares phrygius de Bello Trojano in usum Delphini cum int. Daceriæ. *Amst.*, 1702, in-8, tit., gr., v. f. fil. (*de la coll. variorum*).

169. Histoire de la guerre du Péloponèse, par Thucydide, trad. française (texte en regard), par Amb.

Firmin Didot. *Paris*, 1833, 4 vol. gr. in-8, d.-rel.,
mar., non rog.

Bel exemplaire en grand papier.

170. Alexandri M. Historiarum scriptores ætate sup-
pares, edid. Rob. Geier. *Lipsiæ*, 1844, in-8, br.

171. Quinti Curtii de rebus gestis Alexandri magni
cum notis variorum. *Luyd. Batav.*, 1724, in-4,
fig., rel. en vél. bl. dor. (*bel exemplaire*).

172. Itinerarium Alexandri. — Jul. Valerii res ges-
tæ alex. magni translatae ex Æsopo græco, edente
nunc primum cum notis Ang. Maio. *Mediolani*,
1817, 2 p. en 1 vol. in-8. fig. br.

173. Nouvelles recherches sur l'époque de la mort
d'Alexandre et sur la chronologie des Ptolémées,
par Saint-Martin. *Paris, Imp. roy.* 1820, gr. in-8,
pap. vél., cart.

174. Recherches sur les établissements des Grecs en
Sicile jusqu'à la réduction de cette île en province
romaine, par Brunet de Presle. *Paris, imp. roy.*,
1845, gr. in-8, br. (*envoi d'auteur*).

175. Historia regni græcorum Bactriani in qua simul
græcarum in India coloniarum vetus memoria expli-
catur, auctore Sigefrido Bayero. *Petropoli*, 1738,
in-4, v. f. fil. tr. dor.

La garde contient une longue note biographique sur
l'auteur.

176. Bockh. Die Staatshaushaltung der Athener.
Berlin, 1830, 2 vol. in-8, br.

177. Muller. Die Etrusker. *Breslau*, 1828, 2 vol.
in-8, br.

178. Dionysii halic. antiquitatum romanarum libri
quotquot supersunt (et quæ extant Rhetorica et
critica : omnia gr. et lat., ex recens. et cum notis
Jo. Hudson). *Oxoniæ*, 1704, 2 vol. in-fol., v.

179. Dionis Cassii historiarum. *Lipsiae,*1824-1825, *3 6*
8 vol. in-8, d.-rel., v. f. à nerfs.
  Bel exemplaire en papier fin.

180. Histoire romaine de Dion Cassius, traduite en *14 . 10*
français avec des notes et le texte en regard, par
E. Gros. *Paris, Didot,* 1845-1855, 4 vol. gr.
in-8, br.

181. T. Livii historiarum libri, ex recensione Dra- *8 . 10*
kenborchii, accedit præter varietates lectionis Gronovii et Creverii, glossarium livianum, curante
Ernesti. *Lipsiæ,* 1769, 3 vol. in-8, rel. en vél.
(bel exempl.).

182. Velleii Paterculi historiæ romanæ, lib. II, edid. *1*
Cludius. *Hanoveræ,* 1815, in-8, d.-rel., v.

183. Velleii Paterculi historiæ Romanæ edid. Krause.
Lipsiæ, 1803, in-8, d.-rel., v.
 1
184. An. Flori epitome rerum romanorum ex recens.
Grævii cum animadv. ejusdem; edid. Fischeri.
Lipsiæ, 1760, pet. in-8, d.-rel., v.

185. Sallustius curante Burnouf. *Parisiis, Lemaire,* *10*
1821, gr. in-8, v. rac.

186. Suetonii opera, textu ad præstantissima editio- *11 . 5o*
nes recognito, continuo commentario illustravit,
clavem suetonianam adjecit Baumgarten-Crusius.
Lipsiæ, 1816-18, 3 vol. in-8, v. ant. à comp. dent.
(bel exempl. relié par Duplanil).

187. Historiæ augustæ scriptores VI; Cl. Salmasius *3 . 10*
recensuit, et suas ac Is. Casauboni notas et
emend. adjecit. *Parisiis,* 1620, in fol., v. m. fil.
  La meilleure édition.

188. Abeken. Mittelitalien vor den zeiten Romischer *4*
Herrschaft. *Stuttgart,* 1843, in 8, br., 11 planches.

189. Fischer. Romische-Zeittafeln von Roms grund- *5*
ung bis auf Augustus'Tod. *Altona,* 1856, in-4,
d.-rel. v. *(exempl. de Letronne).*

190. Mémoire sur l'impératrice Salonine, par de Witte. *Bruxelles*, 1852, gr. in-4, fig., br.

191. Theod. Mommsen. Romische geschichte. *Leipzig*, 1854, in-8, br. (*tom*. I).

192. Mémoire sur les Nabatéens, par Quatremère. *Paris, Imp. roy.*, 1835, in-8, br. (*envoi d'aut.*).

193. Les Germains avant le Christianisme. Recherches sur les origines et les traditions des peuples germaniques, par Ozanam. *Paris*, 1847, in-8, br.

194. Beati Rhenani Selestadiensis rerum Germanicarum, lib. III. *Argentorati*, 1610, pet. in-8, vél.

195. Hene. Beytraege zur dacischen Geschichte. *Hermannstadt*, 1836, pet. in-8, br., 10 pl.

196. Essai sur l'origine des Slaves, par Eichhoff. *Lyon*, 1845, in-8, br. (*envoi d'aut.*).

197. Les Huns blancs ou Ephtalites des historiens byzantins, par Vivien de Saint-Martin. *Paris*, 1849, in-8, br. (*Envoi d'auteur.*)

HISTOIRE DE L'INDE, DE LA PERSE,

DE L'ARMÉNIE, ETC.

198. The history of Persia, from the most early period to the present time. By colonel sir John Malcolm. *London Murray*, 1815, 2 vol. gr. in-4, fig., d.-rel.

Vendu 60 fr. Langlès, 41 fr. Burnouf.

199. Brissonii de regio Persarum principatu, lib. III, post Sylburgii editionem, cura Lederlini. *Argentorati*, 1710, pet. in-8, v.

200. Historia priorum regum Persarum post firmatum in regno islamismum. Ex Moham. Mirchond persice et latine cum notis geographico litteraris.

Viennæ, 1782, in–4, d. rel., v. ant. (*rel. de Du-planil*).

201. History of the early Kings of Persia, translated from the original persian of Mirkhond, by David Shea. *London*, 1832. in-8, d.-rel., cuir de R.

202. Rerum Persicarum historia initia gentis, mores, instituta, resque gestas ad hæcusque tempora complectens, auct. Pet. Bizaro Sentinate. *Francofurti*, 1601, pet. in-fol., v.

203. Epitome of the ancient history of Persia by W. Ouseley. *London*, 1799, pet. in-8, v. rac.

204. Relaciones de Pedro Teixera d'el origen descendencia y succession de los Reyes de Persia, y de Harmuz. *En Amberes Verdussen*. 1610, pet. in-8, vél.

> Malgré les relations de voyages en Asie et les traductions d'auteurs orientaux publiées depuis Texeira, on consulte encore cet écrivain. Cette édition originale est rare. Vendue 25 fr. Langlès.

205. Tableaux historiques de l'Asie depuis la monarchie de Cyrus jusqu'à nos jours, par Klaproth. *Paris*, 1826, in-4, d.-rel., v. et atlas in-fol., cart.

206. Sur la Perse. 6 br. in-4 et in-8.

> Dont: historiae Persarum antiquissimae, etc. 1785; Die Grabschrift des Darius zu naschi Rustam von Hitzig, 1847; Die persischen Keilinscriften mit Uebersetzung und Glossar von Bensen, 1847, etc.

207. Mém. sur Darius le Mède et Balthasar, rois de Babylone (par Quatremère). in-8, d.-rel. m.

208. Benfey und Stern. Ueber die Monastnamen einiger alter Volker insbesondere der Perser, Cappadocier, Juden und Syrer. *Berlin*, 1836, in-8, br.

209. Veteris mediæ et Persiæ monumenta, descripsit Hœck. *Gottingæ*, 1818, in-4, br., 8 pl.

210. Amœnitatum exoticarum politico-physico-medicarum fasciculi V. quibus continentur variæ rela-

tiones rerum Persicarum et ulterioris Asiæ auctore Kæmpfero. *Lemgoviæ*, 1712, in-4, fig., vél.

Ouvrage fort recherché et peu commun.

211. Richter. Historisch-kritischer versuch ueber die Arsaciden-und Sassaniden Dynastie. *Leipzig*, 1804, in-8, br.

212. Mirchondi historia samanidarum Persice. Cum interp. latina Wilken. *Goettingæ*, 1808, in-4. br.

213. Histoire des Samanides, par Mirkhond, texte persan traduit et accompagné de notes, par Defrémery. *Paris, Imp. roy.*, 1845, in-8, br, (*avec envoi*).

214. Mirchondi historia Seldschukidarum persice edid. Vullers. *Gissæ*, 1837, 2 vol. in-8, br. (le 2ᵉ *volume contient la trad. allemande*).

215. Fragments d'une histoire des Arsacides, ouvrage posthume de Saint-Martin. *Paris, Imp. nationale*, 1850, 2 vol. in-8, br.

216. Histoire de Perse depuis le commencement de ce siècle, (par la Mamye-Clairac). *Paris*, 1750, 3 vol. in-12, v. m.

217. Schilderung und Geschichte des Persischen Reichs. herausgegeben von Wahl. *Leipzig*, 1795, in-8, br. (*erster band*).

218. Gœrres. Das heldenbuch von Tran aus dem Schah Nameh des Firdussi. *Berlin*, 1820, 2 vol. in-8, br.

219. H. Hottingeri promptuarium sive, bibliotheca orientalis. *Heidelbergæ*, 1658, in-4, v. f.

220. Herbelot. Bibliothèque orientale. *Maestricht*, 1776, in-fol, v. m.

221. Bibliothèque orientale, par d'Herbelot, continuée par MM. Ch. Visdelou et Galand. *La Haye Neaulme*, 1777-1779, 4 vol. in-4, port., v.

Edition la plus complète, les additions de Schultens qui

n'ont paru qu'en 1782 se trouvent à la fin de notre exemplaire.

222. Fundgruben des orients, bearbeitet durch eine Gesellschaft von Liebhabern. — Mines d'Orient exploitées par une société d'amateurs, sous les auspices du comte Wenceslas Rzewusky. *Vienne,* 1809-1818, 6 vol. in-fol., fig., br.

> Recueil dont une grande partie est due à la plume de M. de Hammer, vendu 220 fr. Langlès.

223. COLLECTION ORIENTALE. 183.-1856, 8 vol. gr. in-fol., cart.

> Contenant; Bhagavata Purana 3 vol. Livre des Rois 4 vol. hist. des Mogols 1 vol.

224. Réponse à l'examen critique de Stan. Julien, par Pauthier. *Paris, Imp. roy.,* 1842, gr. in-8, br.

> Examen de qq. pages de chinois relatives à l'Inde.

225. Fragments arabes et persans inédits, relatifs à l'Inde antérieurement au XIᵉ siècle, recueillis par Reinaud. *Paris, Imp. roy.,* 1845, in-8, br.

226. Hammer-Purgstall. Uber die namen der araber. — Id. Die Geisterlehre der Molismen. *Wien,* 1852, 2 br. in-fol., fig. col.

227. Lettres sur l'histoire des Arabes avant l'isla-·misme, par Fresnel. *Paris,* 1836, gr. in-8, br.

228. Essai sur l'histoire des Arabes avant l'islamisme, etc., par Caussin de Perceval. *Paris, Didot,* 1848, 3 vol. in-8, br. (*envoi d'auteur*).

229. Abulfedæ historia ante-islamica arabice e duobus cod. biblioth. regiæ parisiensis 101 et 615, edidit, versione latina, notis et indicibus auxit Fleischer. *Lipsiæ,* 1831, in-4, d.-rel.

230. Etude sur la conquête d'Afrique par les Arabes, et recherches sur les tribus berbères qui ont occupé le Maghreb central, par H. Fournel. *Paris, Imp. imp.,* 1857, in-4, br., 1ʳᵉ partie. (*envoi d'auteur.*)

231. Histoire des Berbères et des dynasties musulmanes de l'Afrique septentrionale, par Ibn Khaldoun, trad. de l'arabe, par le baron de Slane. *Alger*, 1852, gr. in-8, br. (*Envoi d'auteur.*) (*t.* 1er).

232. Invasions des Sarrazins en France pendant les VIIIe, IXe et Xe siècle de notre ère, par Reinaud. *Paris*, 1836, in-8, br.

233. Récit de la première croisade extrait de la chron. de Mathieu d'Edesse, et trad. de l'arménien, par Ed. Dulaurier. *Paris*, 1850, in-4, br. (*envoi d'auteur.*)

234. Sur l'Afrique. 11 br. gr. in-8.
> Dont: recherches sur l'hist. de l'astronomie par Sédillot; Notice sur la vie de Saladin par Reinaud ; Origine de la division territoriale, établie par les Romains, etc·

235. Moïse de Khorène, auteur du Ve siècle, histoire d'Arménie, texte arménien et traduction française, par Le Vaillant de Florival. *Venise*, 1841, 2 vol. gr. in-8, br. — Dictionnaire pour servir d'annotations, par le même. *Paris*, 1844, br. gr. in-8 (*vendu* 27 *fr. Walck.*)

236. Storia di Mosè coreneso versione italiana illustrata dei monaci armeni Mechitaristi. *Venezia*, 1841, in-8, br.

237. Mosis chorenensis. Historiæ armeniacæ lib. III, ejusdem epitome geographiæ, armeniacæ ediderunt, latine verterunt notisque illustravit Guil. et Geor. Whistonii filii. *Londini*, 1736, in-4, v. m.
> Volume peu commun et fort recherché vendu 43 fr. Langlès: 34 fr. Walck.

238. Histoire d'Arménie, par le patriarche Jean VI, traduite par J. Saint-Martin. *Paris, Imp. roy.*, 1841, in-8, br.

239. Histoire de Tamerlan, emp. des Mogols (par le R. P. Margat) *Paris*, 1739, 2 vol. in-12, v. — Histoire de Genghizcan, par Petis de la Croix. *Paris*, 1710, in-12, v.

240. Histoire de la ville de Khotan, tirée des annales de la Chine et traduite par Ab. Rémusat. *Paris*, 1820, in 8, d.-rel *(envoi d'auteur.)*

241. Journal des principales affaires qui se sont passées à Pondichery, depuis le 20 septembre 1732 jusqu'au 24 juin 1737. 1 vol. in-fol. rel. *(fortement taché.)*

> Ms. sur papier.

242. Histoire de Rasselas, prince d'Abyssinie, par Sam. Johnson, trad. nouvelle avec le texte en regard. *Paris*, 1832, in-8, port., br.

HISTOIRE MODERNE.

243. Fleury. Les mœurs des Israélites et des chrétiens. *Paris*, 1681-82, 2 vol. in-12, v. *(édit. originales.)*

244. Histoire du Bas-Empire, par Lebeau, édition revue, corrigée et augmentée, par Saint-Martin. *Paris, Didot*, 1824-1836, 21 vol. in-8, br.

245. Histoire de la décadence et de la chute de l'empire romain, par Gibbon, abrégée par Adam, et trad. de l'angl. par Briand. *Paris*, 1807, 3 vol. in-8, v., fil.

246. Corpus scriptorum historiæ byzantinæ. *Bonnæ*, 1828, 6 vol. in-8, br.

> Agathias 1 vol., Dexippus, Eunapius, Menander, 1 vol.; Syncellus 2 vol.; Codinus de antiquit. Constantinopolitanis 1 vol. Joh. Lydus, 1 vol.

247. Procopii Cæsar. Anecdota sive historia arcana græce. *Lipsiæ*, 1827, in-8, pl., v. f., fil.

248. Joan. Cinnami de rebus gestis imper. Constantinop. Joannis et Manuelis Comnenorum histor. lib. IV, Cornelius Tollius primus edidit. *Trajecti ad Rh.*, 1652, in-4, vél.

249. Tableau des révolutions de la France depuis la

conquête des Francs, par le baron de Beaujour. *Paris*, 1825, in-8, br. (*envoi d'auteur.*)

250. Histoire de France depuis l'établissement de la monarchie française dans les Gaules, par le P. Daniel. *Paris*, 1722, 7 vol. in-4, v, m.

251. Etat de la France sous les rois de la première race, tirée des observations de Dom Bouquet et des dissertations de l'abbé Lebeuf, par Robert. *Paris*, 1740, carte gr. in-fol. in-plano.

252. Etude sur l'histoire, les lois et les institutions de l'époque mérovingienne, par J. de Petigny. *Paris*, 1843, 3 tom. en 5 vol. in-8, br.

253. Histoire de l'empire d'occident de la trad., de M. Cousin. *Paris*, 1684, 2 vol. in-12, v. br.

254. L'abbé Suger. Histoire de son ministère et de sa régence, par Fr. Combes. *Paris*, 1853, in-8, br. (*envoi d'auteur*).

255. Gesta dei per Francos, sive Orientalium expeditionum et regni francorum hierosolymitani scriptores varii (edid. Bongarsius). *Hanoviæ*, 1611, in-fol. v. m. 1208 pages.

256. Catalogue des actes de Philippe Auguste avec une introduction par Léop. Delisle. *Paris*, 1856, in-8, br. (*envoi d'auteur*).

257. Histoire de l'ordre militaire des templiers ou chevaliers du temple de Jérusalem, par P. du Puy. *Brusselles Foppens*, 1751, in-4, fig. v. m.

258. Essai sur l'histoire de la formation et des progrès du Tiers état par Aug. Thierry. *Paris*, 1853, in-8, br. (*envoi d'auteur*).

259. Mémoire sur les actes d'Innocent III, suivi de l'itinéraire de ce Pontife, par Delisle. *Paris*, 1857, gr. in-8, br. (*envoi d'auteur*).

260. Commentaire historique et chronologique sur les Ephémérides intitulées : *diurnali di messer Matteo*

di Giovenazzo, par H. D. de Luynes. *Paris, Didot,*
1839, gr. in-4, br.

261. Joh. Heumanni commentarii de re Diploma-
ticæ imperatorum ac regum germanorum. *Norimb.*
1745, in-4, d. rel. avec pl.

262. Seidl. Beitrage zu einer chronik der archaeologischen funde in der osterreichischen monarchie
von Gab. Seidl. *Wien.* 1834, gr. in-8, cart.

263. Annalen des Vereins fuer Nassavische alterthums
kunde und Geschichtsforschung. *Wiesbaden ,*
1827-55, 1er cah. et les vol. 3 et 4 compl. in-8,
fig.

264. Consideratio causarum hujus belli, quod anno
1618 in Bohemia, velut incendium horrendum
exortum, etc. *In Libertate*, 1647, in-4 vél.

265. Sattlers. Geschichte des herzogthums Wurten-
berg. *Tubingen*, 1857. — Topographische geschichte herzogthums Wurtemberg. *Stuttgard*, 1784,
ens. 2 vol. in-4, rel. avec pl.

266. A history of england, in a series of letters from
a nobleman to his son. *Paris*, 1802, 2 vol. in-12,
d. rel. v.

267. Histoire des races maudites de la France et de
l'Espagne, par Franc. Michel. *Paris*, 1747, 2 vol.
in-8, br.

268. Histoire des Chichimèques ou des anciens rois
de Tezcuco, traduite sur le m. espagnol et publié
pour la première fois par Ternaux Compans. *Paris,*
1840, 2 vol. in-8, br.

269. Rapport sur les différentes classes de chefs de
la Nouvelle-Espagne, par Alonzo de Zurita, publié
pour la première fois par Ternaux Compans. *Paris*,
1840, in-8, br.

BIOGRAPHIE.

270. Dictionnaire biographique de tous les personnages célèbres de tous les siècles et de tous les pays, par Boquillon, *Paris*, 1825, 3 vol. in-12, d. rel.

271. Biographie universelle et portative des contemporains, par Boisjolin et Sainte-Preuve. *Paris*, 1839, 5 vol. in-8, br.

272. Plutarchi quæ supersunt, omnia, gr. et lat. principibus ex editionibus castigavit, virorumque doctorum suisque annotationibus instruxit Jac. Reiske. *Lipsiae*, 1774-82, 12 vol. in-8, v. gr. fil.

> Bel exempl, de cette édition la meilleure que l'on ait des œuvres complètes de Plutarque en grec et en latin avec des notes, vendu 64 fr. Letronne.

273. Plutarque. Vies des hommes illustres, trad. du grec par Ricard. *Paris*, *Duboys*, 1827 et ann. suiv. 12 tomes en 10 gros vol. gr. in-4, pap. vél. broch. en cartons.

> Magnifique édition ornée de plans, bas-reliefs, cartes et portraits d'après l'antique; trois suites de gravures.

274. Examen critique des anciens historiens d'Alexandre-le-Grand, par Sainte-Croix. *Paris*, 1810, gr. in-4, fig. v. rac.

275. Corn. Nepotis vitae excellentium Imperatorum additis notis editae ex recens. Staveren. *Lipsiae*, 1791, in-12, d. rel. v.

276. Histoire des Empereurs et des autres princes qui ont régné durant les six premiers siècles de l'église, par Lenain de Tillemont. *Paris*, 1720, 6 vol. in-4, v.

277. Ibn Khallikan's biographical dictionary translated from the arabic by Mac Guckin de Slane.

Paris, 1842, 2 vol. gr. in-4, br. (*envoi du traducteur*).

278. Diogenis Laertii de vitis, dogmatibus et apophthegmatibus clarorum philosophorum lib. X graece et latine. *Lipsiae*, 1759, in-8, d. rel.

279. Notice sur les principales familles de la Russie, par le comte d'Almagro. *Paris*, 1843, gr. in-8, br.

> Donné par l'auteur le prince Dolgorouki, rappelé en Russie et exilé dans ses terres peu de mois après avoir publié cette notice sous le pseudonyme de comte d'Almagro.

280. Vie d'Appollonius de Tyane, par Philostrate, trad. en franç., par De Castillon. *Amst*,, 1779, 4 vol. in-12, v.

281. Biographie. 15 broch.

> Maria Avellino par Minervini; Guil. Fillastre par l'abbé Cochet; le comte d'Estourmel par P. Paris; les Etienne, par Didot; Zoéga par Guigniaut; Ste-Croix par Dacier, etc,

282. Etudes sur la vie de Bossuet jusqu'à son entrée en fonctions en qualité de précepteur du dauphin, par A. Floquet. *Paris*, 1855, 3 vol. in-8, br. (*envoi d'auteur*).

283. Buffon. Histoire de ses travaux et de ses idées, par Flourens. *Paris*, 1844, in-12, br.

284. Canova et ses ouvrages ou mémoires historiques sur la vie et les travaux de ce célèbre artiste, par Quatremère de Quincy. *Paris*, 1834, gr. in-8, pap. vél. port. br.

285. Nicolas de Damas. Vie de César fragment découvert et publié pour la première fois par Piccolos, avec une traduction française. *Paris*, 1850, gr. in-8, br.

286. Analyse des travaux de G. Cuvier, par Flourens. *Paris*, 1841, in-12, br.

287. Eunapii Sardiani vitas sophistarum et fragmenta historiarum, cum notis Boissonadii et Wyttenbachii. *Amst.*, 1822, 2 vol. in-8, br.

288. Notice sur Daunou, par Guérard, suivie d'une notice sur Guérard, par Nat. de Wailly. *Paris,* 1855, in-8, port. br.

289. Vie de Mahomed, par De Boulainvilliers. *Amst.* 1731, in-12, fig. v. br. — La religion des Mahométans exposée par leurs propres docteurs, tirée du latin de Reland. *Lahaye,* 1721; in-12, fig. v. brun.

290. Histoire de la vie et des ouvrages de Michel-Ange Buonarotti, par Quatremère de Quincy. *Paris, Didot,* 1835, gr. in-8, port. d. rel. m. non rog.

291. La vie de Pythagore, ses vers dorez et la vie d'Hierocles, par Dacier, *Paris,* 1706, 2 vol. in-12, v. j.

292. Mémoires sur la vie et le siècle de Salvator Rosa par Lady Morgan. *Paris,* 1824, 2 vol. in-8, br.

293. Notice sur Etienne Quatremère, par Barthélemy Saint-Hilaire, *Paris, Imp. imp.,* 1857, in-4, br.

MOEURS ET COUTUMES.

RELIGIONS MYTHOLOGIQUES, POLYTHÉISME ET GÉNÉRALITÉS.

294. Goerres. Mythengeschichte der asiatischen Welt. *Heidelberg,* 1810, 2 tom. en 1 vol, in-8, fig. v. m. fil. (*ex. Langlès*).

295. Sainte-Croix. Versuch ueber die alten mysterien, uebersetzt von G. Lenz. *Gotha,* 1790, in-12, broch.

296. Recherches historiques et critiques sur les mystères du paganisme, par De Sainte-Croix, *Paris,* 1817, 2 vol. in-8, br.

2e édition revue et corrigée par Silv. de Sacy.

297. Buttmann. Mythologus oder gesammelte abhandlungen uber die sagen des Alterthums. *Berlin*, 1828, 2 vol. in-8, br.

298. Panofka. Ueber verlegene mythen mit bezug auf antiken des Kœniglichen museums. *Berlin*, 1840, in-4, br., 5 pl. color. (*envoi d'auteur*).

299. Voss. Mythologische briefe. *Stuttgart*, 1827, 3 vol. in-12, br.

300. Welcker. Etymologisch-Mythologische andeutungen von Schwenck, nebst einem Anhang. *Elberfeld*, 1823, in-8, d. rel. v.

301. Muller. Prolegomena Zu einer Wissenschaftlichen mythologie. *Gottingen*, 1825, in-8, br.

302. Essai sur le symbolisme antique d'Orient, par de Brière. *Paris*, 1847, in-8, br. fig.

303. Des cultes qui ont précédé et amené l'idolâtrie, par Dulaure. *Paris*, 1808, in-8, br.

304. Ger. Joan. Vossii de theologia gentili, et physiologia christiana; sive de origine ac progessu idololatriæ; de quæ naturæ mirandis, quibus homo adducitur ad deum, lib. XI. *Amst.*, 1668, 2 vol. petit in-fol., v. br.

305. Van Dale dissertationes de origine ac progressu idololatriæ et superstitionum. *Amst.*, 1696, in-4, v. m. fil.

306. Bibliothèque d'Apollodore, trad. nouv., avec le texte et des notes par Clavier. *Paris*, 1805, 2 vol. in-8, rel.

307. Mat. Hilleri Onomasticum sacrum. *Tubingœ*, 1706, in-4, port. v. f. fil.

308. Opuscula mythologica physica et ethica, gr. et lat. *Amst. Wetstein*, 1688, in-8, v. m.

309. Scriptores rerum mythicarum latini tres romæ nuper reperti, edid. Henr. Bode. *Cellis*, 1834, 2 tom. en 1 vol. in-8, d.-rel. v. (Ex. de Letronne.)

310. Giraldi opera omnia, complectentia historiam de deis gentium, musis et hercule, rem nauticam, sepulcralia et var. ritus, etc. *Lugd. Bat.*, 1696, gr. in-fol., fig. rel. en vél. bl. cordé.

311. Sallustii phil. libellus de Diis et mondo gr. et lat. edid. Orellius. *Turici*, 1721, in-8, m. bl. fil. non rog. (Thouvenin.)

312. Ann. Cornutus de natura deorum ex schedis Ansse de Villoison recensuit comm. inst. Osannus, *Gottingæ*, 1844, in-8, d.-rel. v. (Ex. Letronne.)

313. Welcker. Griechische Goetterlehre. *Gottingen*, 1857, gr. in-8, br. (tom. 1er).

314. Gerhard. Ueber Griechenlands Volksstaemme und Stammgottheitten. *Berlin*, 1854, in-4, br. (Envoi d'auteur.)

315. Historia deorum fatidicorum, vatum sybillarum, Phœbadum, apud priscos illustrium. *Francofurti*, 1680, pet. in-4, v. 48 fig.

316. Des divinités génératrices ou du culte du Phallus chez les anciens et les modernes, par Dulaure. *Paris*, 1805, in-8, v. rac. fil.

317. Antonini Liberalis transformationum congeries, græce et lat., edidit Koch. *Lipsiae*, 1832, in-8, br.

318. Palæphati de incredibilibus græce sextum edidit, emend. indicemque verborum adjecit Fischerus. *Lipsiae*, 1789. in-8, v. f. dent.

319. Les fables égyptiennes et grecques dévoilées et réduites au même principe, par Dom Pernety. *Paris*, 1758, 2 vol. in-12, v. m.

320. Seyffarth. Berichtigungen der Rœmischen grieschichen persischen ægyptischen geschichte und zeitrechnung mythologie, von Seyffarth. *Leipzig*, 1855, in-8, br.

321. Ed. Roth. Die ægyptische und die Zoroastris-

che glaubenslehre als die aeltesten quellen unserer spekulativen ideen. *Mannheim*, 1846, gr. in-8, br.

322. Essai historique sur la religion des Aryas pour servir à éclairer les origines des religions hellénique, latine, gauloise et slave, par Maury. *Paris*, 1853, gr. in-8, br.

323. Mythologie, 15 br. gr. in-8.
    Dont: Hesiodi Theogonia; Theogonie mexicaine; Sanchoniatonis de Cosmogononia et Theologia Phoenicum; Essai sur l'hexaméron de St-Basile; Zumpt. die religion der Roemer; Mythologie pyrénaïque, etc., etc.

324. Baur. Symbolik und mythologie oder die natur religion des Alterthums. *Stuttgardt*, 1824, 3 vol. in-8, br.

325. Creuzer. Symbolik und mythologie der alten Volker besonders der Griechen. *Darmstadt*, 1836-43, 4 tom. en 12 vol. gr. in-8, fig. br.

326. Voelker. Abbildungen zu Fried. Creuzers symbolik und mythologie der alten Voelker. *Leipzig*, 1819, in-4, br. 60 pl.

327. RELIGIONS DE L'ANTIQUITÉ considérées principalement dans leurs formes symboliques et mythologiques : ouv. traduit de l'all. de Fr. Creuzer, et complété par Guigniaut. *Paris*, 1825-51, 3 tom. en 8 vol. in-8, br. plus 3 vol. de planches.

328. Heinr. Voss. Antisymbolik. *Stuttgardt*. 1824, 2 vol. in-8, v. ant. fil.

329. Schwenck. Die mythologie der asiatischen Völker, der Aegypter, Griechen, Romer, Germanen und Slaven. *Frankfurt am Main*, 1843-51, 6 vol. in-8, fig. d. rel.

330. Haarbruecker. Die muhammadanischen, judischen, christlichen und dualistichen Religionspartheien. *Halle*, 1850, in-8, br.

331. Tholuck. Die speculative Trinitatslehre des Spateren Orients. *Berlin*, 1826. — Id. Bluthen-

sammlung aus der Morgenlandischen mystik. *Berlin,*
1825, 2 part. en 1 vol. in-8, d. rel.

RELIGION DES EGYPTIENS.

332. Prichard. Darstellung der aegyptischen mythologie. *Bonn,* 1837, in-8, br.

333. Jamblichus, de mysteriis (Aegyptiorum) liber.
Praemittitur epistola Porphyrii, eodem argumento;
ad Anebonem aegyptium, Th. Gale graece num primum edidit, latine vertit et notas adjecit. *Oxoniæ,*
1678, pet. in-fol. v. br.

334. Ern. Jablonski Pantheon aegyptiorum, sive de
diis eorum commentarius. *Francofurti,* 1750,
3 part. en 1 vol. in-8, vél.

335. Lepsius. Ueber den ersten aegyptischen goet-
terkreis und seine Geschichtlich mythologische
entstehung. *Berlin,* 1851, in-4, br., 4 pl. (*envoi
d'auteur*).

336. Parthey. Plutarch uber Isis und Osiris, nach
neuverglichenen handschriften mit ubersetzung und
erlauterungen herausgegeben von Gustav. Parthey.
Berlin, 1850, in-8, cart.

337. Pignorii mensa Isiaca qua Sacrorum apud aegyp-
tios ratio et simulacra subjectis tabulis aeneis simul
exhibentur et explicantur. Pignorii Magnae deum
matris Ideae et attidis historia. *Amst.* 1669, in-4,
lig. vél.

RELIGIONS DE L'ASIE.

338. Introduction à l'histoire du Buddhisme Indien,
par E. Burnouf. *Paris, Imp. roy.,* 1844, gr. in-4,
br. tom. Ier (*envoi d'auteur*).

339. **The Hindu Pantheon**, by Edward Moor. *London,*
1810, gr. in-4, v. rac. fil.

Contenant 105 planches, vendu 255 fr. Langlès.

340. A dissertation on the oriental trinities, by Th.
Maurice. *London*, 1800, in-8, fig. v. r. dent.
(*Duplanil*).

341. Krichna et sa doctrine, dixième livre du Bhaga-
vat Pourana, traduit sur le ms. hindoui par Th. Pa-
vie. *Paris*, 1852, gr. in-8, br. (*avec envoi*).

342. Le Bhaguat-Geeta, contenant un précis de la
religion et de la morale des Indiens, trad. du
sanscrit en angl. par Ch. Wilkins et en franç. par
Parraud. *Paris*, 1787, in-8, v. m.

343. Bagavadam ou doctrine divine, ouvrage indien,
canonique (par Foucher d'Obsonville). *Paris,* 1788,
in-8, v. m.

344. Rig-Véda, ou livre des hymnes, traduit du
sanscrit par Langlois, *Paris*, *Didot*, 1848, 4 vol.
gr. in-8, br. (*envoi d'auteur*).

345. Lois de Manou comprenant les institutions religieuses et civiles des Indiens, traduites du sanscrit
et accompagnées de notes par Loiseleur Deslon-
champs. *Paris*, 1833, in-8, d. rel.— Id. texte sanscrit in-8, broch.

346. **Desatir** (**The**). *Bombay,* 1818, 2 tom. en 1 vol.
gr. in-8, v. f. fil.

Une dixaine de ff. dont le coin est taché d'huile, bel
exempl. vendu 66 Langlès ; 55 fr. Burnouf.

347. Historia religionis veterum Persarum, eorumque
Magorum ; Zoroastris vita, etc., autor est J. Hyde.
Oxonii, 1700, in-4, v.

348. Veterum Persarum et Parthorum et Medorum
religionis historia, autor est Thom. Hyde. *Oxonii,*
1760, in-4, fig. v.

Exemplaire de Langlès avec des notes marginales et un
commencement de table, de sa main, vendu 45 fr.

349. Diss. sur la religion des Perses, in-fol. fig. cart. (*Extrait des cérémonies religieuses.*)

350. The Parsi religion : as contained in the Zand-Avasta, by John Wilson. *Bombay american mission press.* 1843, gr. in-8, cart. en toile non rog.

351. Nork. Mythen der alten Perser als quellen christlicher Glaubenslehren und Ritualien. *Leipzig,* 1835, in-8, fig., br.

352. Rhode. Die heilige sage und das gesammte religions system der alten Baktrer, Meder und Perser oder des Zendvolks. *Frankfurt,* 1820, in-8, br.

353. Dalberg. Scheik Mohammed fani's Dabistan oder von der Religion der altesten Parsen. *Aschaffenburg,* 1809, in-12, cart.

354. The Dabistan, or school of manners, translated from the original persian, with notes and illustrations by David Shea and Ant. Troyer. *Paris,* 1843, 3 vol. in-8, br.

355. Hoelty. Dsiemschid, Feridun, Eustasp, Zoroaster. eine Kritisch-historische untersuchung ueber die beiden ersten Capitel des Vendidad. *Hannover,* 1829 pet. in-8, cart.

356. Zoroastre. Essai sur la philosophie religieuse de la Perse, par Joachim Ménant. *Paris,* 1844, in-8, br.

Accompagné de 2 lett. aut. de l'auteur.

357. Zoroastre. Essai sur la philosophie religieuse de la Perse, par J. Ménant. Paris, 1857, in-8, br. (*envoi d'auteur.*)

358. H. Ursini de Zoroastre Bactriano, Hermete trismegisto, Sanchoniathone phœnicio, etc. *Norimbergæ,* 1661, pet. in-8, cart.

359. Zoroastri oracula, græce, cum græcis Phletonis scholiis. *Parisiis,* 1538, pet. in-4, rel. en vél.

360. Vendidad Sade. die heiligen Schriften Zoroas-

ter's Yacna, **Vispered** und Vendidad nach den litho-
graphirten Ausgaben von Paris und Bombay mit
Index und Glossar heraus, Brockhaus. *Leipzig*,
1850, gr. in-8, br.

361. Zend-Avesta, ouvrage de Zoroastre, traduit en
français avec des notes, par Anq. du Perron. *Paris*, 1771, 2 tom. en 3 vol. in-4, v. éc., fil. tr. d.
(*aux armes de Choiseul.*)

362. Rasck ueber das alter und die Echtheit der
Zend-Sprache und des Zend-Avesta, etc. *Berlin*,
1826, in-12, cart.

363. Spiegel. Avesta die heiligen schriften der Parsen
herausgegeben Spiegel. *Leipzig*, 1851-53, 3 vol.
gr. in-8, br.

364. Zendavesta or the religions books of the
Zoroastrians edited and interpreted by Wester-
gaard. *Copenhagen*, 1852-1853, 3 part. in-4, br.
   Formant le tom 1er et contenant seulement le texte.

365. Commentaire sur le Yaçna, l'un des livres reli-
gieux des Parses, par Eug. Burnouf. *Paris, Imp.
roy.* 1833-1835, 2 vol. in-4, br. (*envoi d'auteur*).

366. The Ardai Viraf Nameh, or, the revelations of
Ardai Viraf. transl. from the Persian and Guzera-
tee Versions by Pope. *London*, 1816, in-8, cart.,
n. rog.
   Vendu 30 fr. Langlès.

367. Chwolson. Die Ssabier und der Ssabismus.
Saint-Pétersbourg, 1856, 2 forts vol., gr. in-8,
br.

368. Introduction a l'étude du culte public et
des mystères de Mithra, en Orient et en Occident, par Félix Lajard. *Paris, Imp. roy.*, 1847,
gr. in-fol., d.-rel., mar., v.
   Exemplaire en grand papier vélin, et dont les 107 planches sont sur papier de Chine.

Le même ouvrage, pap. ordin., en livraisons.

369. Introduction à l'étude du culte public et des mystères de Mithra, par Fél. Lajard. *Paris, Imp. roy.*, 1847, in-4, br. (*envoi d'auteur.*)

370. Muller. Mithras. Eine vergleichende uebersicht der beruhmteren mithrischen Denkmaler und Erklarund des ursprungs und der Sinndeute ihrer Symbole, etc. *Wiesbaden*, 1833, in-8, fig., cart.

371. Creuzer. Das Mithreum von nevenheim bei Heidelberg erlacutert. *Heidelb.*, 1838, in-8, fig., br. (*envoi d'auteur.*)

372. Monumenti di Cere antica spiegati colle osservanze del culto di Mitra dal cav. Luigi Grifi. *Roma*, 1841, in-fol., d.-rel., 13 planches.

373. Diss. de M. Ménard sur le bas-relief mithriaque du bourg Saint-Andéol. 1740, in-12, fig. (*Extrait du Mercure de France.*)

374. Nouvelles observations sur le grand bas-relief mithriaque de la collection Borghèse, actuellement au musée royal de Paris, par Félix Lajard. *Paris*, 1828, gr. in-4, cart.

   Exemp. en grand papier épreuve sur pap. de Chine.

375. Mémoire sur un bas-relief mithriaque qui a été découvert à Vienne (Isère), par Félix Lajard. *Paris, Imp. roy.*, 1843, gr. in-4, cart.

   Un des cinq exemplaires tirés sur grand pap. vélin, épreuves sur Chine.

376. Mémoire sur deux bas-reliefs mithriaques découverts en Transylvanie, par Fél. Lajard. *Paris*, 1839, gr. in-8, br., 2 pl.

377. Mémoire sur deux bas-reliefs mithriaques découverts en Transylvanie, par Fél. Lajard. *Paris*, 1839, gr. in-8, br., 2 pl.

378. Mémoire sur deux bas-reliefs mithriaques qui ont été découverts en Transylvanie, par Félix La-

jard. *Paris, Imp. roy.*, 1840, gr. in-4, cart., non rog.

Exemplaire en grand papier vélin figures sur Chine.

379. Deux inscriptions votives dédiées au Dieu soleil Mithra par le pannonien Sabinus sous l'emp. Maximin, expliquées par Letronne. *Paris, Imp. roy.* 1848, br. in-4.

380. Sur Mithra. 5 br. in-8.

De Ring. du surnom de Cautopates donné à Mithra; Kabel. die Mithras-Tempel In den Roemischen ruinen bei Heddernheim; Dieffenbach, ueber den Gott Cautopates und seine beziehung Zum Mithrasdienste etc.; recueil d'articles extraits de divers journaux littéraires et relatifs aux Mithriaca de Hammer.

381. Tre sepolcri con pitture ed iscrizioni appartenenti alle superstizioni pagane del Bacco Sabazio, e del Persidico Mitra scoperti in un braccio del cimitero di pretestato in Roma, diss. due del P. Raf. Garrucci. *Napoli*, 1852, gr. in-4 br. 6 pl. (*envoi d'auteur.*)

382. Le Chou-King, un des livres sacrés des Chinois, ouvrage recueilli par Confucius, traduit par le P. Gaubil, missionnaire, revu et corrigé sur le texte chinois par De Guignes. *Paris*, 1770, in-4, d. rel. v. f. (*Duplanil.*)

383. Le Ta-hio, ou la grande étude, ouvrage de Confucius trad. en français avec une version latine et le texte chinois en regard, par Pauthier. *Paris*, 1837, gr. in-8 br. (*avec lettre d'envoi.*)

384. L'invariable milieu, ouvrage moral de Tseu-ssè, en chinois et en mandchou, avec une version littérale latine, une traduction française et des notes, par Abel Rémusat. *Paris, Imp. roy.*, 1817, in-4 d. rel., cuir de R., non rog.

385. Rituel des Tartars-Mantchoux, avec les dessins des principaux ustensiles et instruments du culte

Chamanique, par Langles. *Paris, de l'Imp. de la République*, 1804, in-4. cart.

> Exempl. acheté à la vente de Lanjuinais et enrichi de notes autographes.

386. Traité de la religion, cérémonies et coutumes des Malabars gentils. 2 vol. in-fol., rel. v.

> Manuscrit du 17e siècle.

387. Verhandeling over drie groote steenen beelden in den jare 1819 uit Java naar de Nederlanden overgezonden ; door Reuvens. *Amst.*, 1826, in-4, br. et atlas gr. in-fol., 8 pl.

RELIGION DES GRECS ET DES ROMAINS, ETC.

388. Volker. Die mythologie des Japetischen Geschlechtes, oder der suendenfall der Menschen nach griechischen Mythen. *Giessen*, 1824, in-12 cart.

389. Munter. Religion der Karthager. *Kopenh.*, 1821, in-4, br. pl.

390. Introduction à l'étude de la mythologie ou essai sur l'esprit de la religion grecque par Emeric-David. *Paris, Imp. roy.* 1833, in-8, br.

391. Preller. Griechische mythologie. *Leipzig*, 1854, 2 vol in-8 br.

392. Boetticher (Carl). Der baumkultus der hellenen nach den gottesdienstlichen gebrauchen und den uberlieferten bildwerken dargestellt. *Berlin*, 1856, gr. in-8, cart. 22 pl.

393. Fried. Rinck. Die religion der hellenen, aus den mythen, den lehren der philosophen und dem kultus entwickelt und dargestellt. *Zurich*, 1853-55, 3 vol. in-8, br.

394. Bottiger Amalthea oder museum der kunst mythologie und bildlichen alterthumskunde. *Leipzig*, 1820-25, 3 vol. in-8, fig. br.

395. Creuzer. Briefe ueber Homer und Hesiodus vorzueglich ueber die Theogonie von Creuzer. *Heidelberg*, 1818, in-12, d. rel. v.

396. Manso. Versuche ueber einige gegenstaende aus
der mythologie der Griechen und Roemer. *Leipzig*,
1794, in-8, cart.

397. Hug. Antersuchungen ueber den mythos der
beruehmten Voelker der alten Welt vorzueglich
der Griechen dessen Entstehen, Veranderungen
und Innhalt von Hug. *Freiburg*, 1823, in-4, br.
pl.

398. Jacobi. Handwoerterbuch der griechischen und
roemischen mythologie. *Leipzig*, 1835, 2 vol. in-8,
br.

399. Galerie mythologique, recueil de monuments
pour servir à l'étude de la mythologie, par Millin.
Paris, 1811, 2 vol. in-8, d. rel. 182 pl.
   Exempl. du comte de Clarac avec qq. notes marginales.

400. Trésor de numismatique et de glyptique. —
Nouvelle galerie mythologique. 12 livraisons in-
fol. *Paris*, 1836.
   Contenant 48 planches et 60 feuilles de texte.

401. Essai sur les mystères d'Eleusis, par Ouvaroff.
Paris, *Imp. roy.*, 1816, in-8, br.

402. De Hierarchia et studio vitae asceticae in sacris
et mysteriis graecorum romanorumque latentibus,
Scripsit Muller. *Hauniae*, 1803, in-8, br.

403. Gerhard. Ueber die Gottheiten der Etrusker.
Berlin, 1847, in-4, 7 pl. rel. en v. vert fil. (*envoi
d'auteur à M. Raoul Rochette.*)

404. Du Polythéisme romain, ouvrage posthume de
B. Constant; précédé d'une introduction par
Matter. *Paris*, 1833, 2 vol. in-8, br.

405. Jupiter. Recherches sur ce Dieu, sur son culte
et sur les monuments qui le représentent, par Emeric
David. *Paris*, *Imp. roy.*, 1833, 2 vol. in-8, fig. br.

406. Neptune. Recherches sur ce Dieu, sur son culte et sur les monuments qui le représentent par Emeric David. *Paris, Imp. roy.*, 1839, in-8, br. fig.

407. Burnouf. De Neptuno cultu praesertim in Peloponneso. *Paris*, 1850, in-8, br.

408. Recherches sur la nature du culte de Bacchus en Grèce, et sur l'origine de ses rites par Gail. *Paris*, 1821, in-8, d. rel. (*envoi de l'auteur à M. De Sacy.*)

409. Recherches sur le culte de Bacchus symbole de la force reproductive de la nature, par Rolle. *Paris*, 1824, 3 vol. in-8, d. rel.

410. Creuzeri. Dionysus, sive commentationes academicae de rerum bacchicarum orphicarumque originibus et caussis. *Heidelbergae*, 1809, in-4, br. 6 pl.

411. Appollon Sminthien, par de Witte. *Paris*, 1858, gr. in-8, br.

412. Vulcain. Recherches sur ce Dieu, sur son culte et sur les monuments qui le représentent, par Emeric David. *Paris, Imp. roy.*, 1838, in-8, br.

413. Il mito di Ercole che succhia il latte di Giunone illust. cogli antichi Scrittori e co' monumenti. Memoria da G. Minervini. *Napoli*, 1854, in-4, fig. br. (*envoi d'auteur.*)

414. Gerhard. Ueber die Minervenidole Athens. *Berlin*, 1844, in-4, b. 5 pl. (*envoi d'auteur.*)

415. Simulacro di nuova Venere illust. da Ad. Fabbronio. *Firenze*, 1796, in-8, fig. br.

416. Gerhard. Ueber Venusidole. *Berlin*, 1845, in-4, br. 6 pl. (*envoi d'auteur*).

417. Raf. Politi. Sul simulacro di Venere trovato in Siracusa. *Palermo*, 1826, br. in-8, 4 fig.

418. Sur la statue antique de Vénus Victrix découverte dans l'île de Milo en 1820; et sur la statue

antique connue sous le nom de l'orateur et du Germanicus, par le comte de Clarac. *Paris*, *Didot* 1821, gr. in-4, fig. cart.

419. Sur la statue antique de Vénus découverte dans l'île de Milo en 1820. Notice par Quatremère de Quincy. *Paris*, 1821. — Sur la statue de Vénus découverte dans l'île de Milo, et sur celle connue sur le nom de l'orateur, etc., etc., par De Clarac, 1821, 2 p. en 1 vol. in-4, fig. cart.

420. Sur Vénus. 6 br. gr. in-8.

> La Vénus de Paphos et son temple par Guigniaut; un dernier mot sur la Vénus de Milo; recherches sur les Divalia et les Angeronalia des Romains, comme culte secret de Vénus Génitrix par le D. Sichel, etc.

421. Dissertazioni risguardanti il culto di Venere ericina, scritte da Amb. Balbi. *Torino*, 1824, in-8, cart.

422. Venere Proserpina illustrata da Od. Gerhard. *Poligrafia fiesolona*, 1826, gr. in-8, br. 16 pl.

423. Dissertations sur les attributs de Vénus, par l'abbé De la Chau. *Paris*, 1776, in-4, fig. v. rac. fil.

> Exempl. dont l'épreuve est avant la coquille.

424. Richter. Uiber die Attribute der Venus, von Richter. *Wien*, 1783, in-12, fig. dem. rel. v.

425. Del culto d'Iside presso i romani e delle sue vicendi. *Mantova*, 1807, in-12, v. f. fil.

426. Il mito di Ciparisso memoria letta all'acad. Ercolanese dal Cav. Avellino. *Napoli*, 1841, gr. in-4, br. avec pl.

427. Diatribe academica de Dea Angerona. *Trajecti*, 1766, pet. in-4, fig. br.

428. Fikenscher. Erklaerung des mythus Adonis. *Gotha*, 1799, in-12, d. rel. mar.

429. Sur les représentations d'Adonis, par De Witte. *Paris*, 1846, gr. in-8, br. 2 pl.

430. Gerhard. Ueber den gott Eros. *Berlin*, 1850, in-4, br. 5 pl. (*envoi d'auteur.*)

431. Gerhard. Ueber Agathodaemon und bona dea. *Berlin*, 1849, in-4, br. 4 pl. (*envoi d'auteur.*)

432. Gerhard. Archemoros und die Hesperiden. *Berlin*, 1838, in-4, 4 pl. (*envoi d'auteur.*)

433. Cuperi harpocrates et monumenta antiqua. *Trajecti ad Rh.* 1687, pet. in-4, fig. vél.

434. Levezow. Ueber die Entwickelung des Gorgonen-Ideals in der poesie und bildenden kunst der Alten. 1832, in-4, br. 5 pl.

435. Lud. Preller. Demeter und Persephone, ein Cyclus mythologischer untersuchungen. *Hamburg*, 1837, in-8, br.

436. Gerhard. Die heilung des Telephos. *Berlin*, 1843, br. in-4, fig. (*envoi d'auteur.*)

437. Panofka. Phocus und Antiope. — Atalante und Atlas.—Zeus Basileus und Herakles Kallinikos. — Trophonios kultus in Rhegium. — Antikenschau zur anregung erfolgreichen museenbesuchs. *Berlin*, 1847-51, 5 br. in-4 avec pl. (*envoi d'auteur.*)

438. Panofka. Perseus und die Graea, malachisch auf etruskischen spiegeln, der baertige kopf auf nymphenreliefs erlaeutert. *Berlin*, 1847, in-4, br. 5 pl. (*envoi d'auteur.*)

439. H. Klausen. Aeneas und die Penaten, die italischen Volksreligionen unter dem einfluss der griechischen. *Gotha*, 1839-40, 2 vol. in-8, fig. br.

440. Vater. Triton und Euphemos oder die argonauten in Libien eine mythologische abhandlung von Vater. *Kasan*, 1849, in-8, br.

441. Is. Vossi de Sibyllinis aliisque quae christi natalem praecessere oraculis. *Lugd. Batav.* 1680, pet. in-12, vél.

442. Servatii Gallaei dissertationes de Sibyllis, earum-
que oraculis. *Amstelod.* 1688, in–4, v. m.
   Avec de belles figures par Rom. de Hooghe.

443. Sibyllina oracula, commentariis diversorum illustrata, opera et studio Serv. Gallaei. *Amst.* 1689,
in–4, v. m.

444. Oracula Sybillina, curante Alexandre. *Paris,*
Didot, 1851, 3 vol. gr. in-8, br.

445. Oracula Sybillina, cum versione germanica adjecit Friedlieb. *Lipsiae,* 1852, in–8, br.

446. Du culte des Cabires chez les anciens Irlandais,
par Pictet. *Genève,* 1824, in–8, br.

447. Cadmilus sive de Cabirorum cultu ac mysteriis
scripsit Neuhaeuser. *Lipsiae,* 1857, in–8, br.

448. La religion des Gaulois tirée des plus pures
sources de l'antiquité, par le R. P. Dom Martin.
Paris, 1727, 2 vol. in–4, fig. v. br.

449. Schedii de Dis Germanis. *Amst. Elzev.,* 1648,
in–8, tit. gr. vél.

450. Histoire critique du gnosticisme et de son in-
fluence sur les sectes religieuses et philosophiques
des six premiers siècles, par J. Matter. *Paris,* 1828,
3 vol. in–8, dont 1 de planch. cart.
   Ouvrage couronné par l'Académie des Inscriptions et
belles-lettres.

451. Histoire critique du gnosticisme, par Matter.
Paris, 1843, 3 vol. in-8, br. (*envoi d'auteur.*)

452. Une excursion gnostique en Italie par Matter.
Strasbourg, 1852, in-8, 12 pl. (*envoi d'auteur.*)

453. Mémoire sur deux coffrets gnostiques du moyen-
âge du cabinet de Blacas, par Jos. de Hammer.
Paris, 1832, in–4, br. 7 pl.

454. Monographie du coffret du duc de Blacas, par
Mignard. *Paris,* 1852. — Suite de la monographie ou preuves du manichéisme de l'ordre du

Bocquillot, chanoine d'Avallon. *Paris*, 1701. in–8, v.

475. Ant. Van Dale dissertatio super Aristea de LXX interpretibus; additur historia baptismorum, cum judaicorum, tum christianorum. *Amst.*, 1705, pet. in–4, v. f. fil. rel. anc.

476. Eclaircissements sur les pratiques occultes des Templiers, par Mignard. *Dijon*, 1851, br. in–4, avec fig.

477. Vie du pape Grégoire le Grand, légende française publiée pour la première fois par Victor Luzarche. *Tours*, 1857, in–18, pap. de Holl. br. (*envoi de l'éditeur.*)

478. Prophéties authentiques sur le pape Pie IX, sur S. M. Napoléon III, etc., imprimées pour la première fois en 1555, expliquées pour la première fois en 1855, par Weyland. *Metz*, 1856, in–8, br.

479. Histoire de la guerre des Hussites et du concile de Basle, par J. Lenfant. *Amst.*, 1731, 2 vol in–4, port. br.

480. Thormod Legis. Fundgruben des alten nordens, *Leipzig*, 1829, 2 vol. in–8, br.

481. Dan. Wogen. Die gottesdienstlichen altherthumer der Obotriten, aus dem tempel zu Rhetra, am Tollenzer–see. *Berlin*, 1771, in–4, d. rel. v. (*Duplanil.*)
Ouvrage curieux renfermant 66 planches.

MAHOMÉTISME.

482. Zoroastre. Confucius et Mahomet, comparés comme sectaires, législateurs et moralistes, par De Pastoret. *Paris*, 1788, in–8, cart.

483. L'alcoran de Mahomet, traduit de l'arabe par

Du Ryer. *Amst.*, 1770, 2 vol. in-12, front. gr. fig. *0*
v. m.

484. Le Coran, trad. de l'arabe avec des notes, par *3*
Savary. *Paris*, 1821, 2 vol. in-8, br.

485. Le Koran, traduit par Kasimirski. *Paris*, 1844, *2*
in-12, br.

486. Exposition de la foi musulmane, traduite du *3*
turc avec des notes, par Garcin de Tassy. *Paris*,
1822, in-8, br. (*envoi d'auteur.*)

MOEURS ET COUTUMES.

487. Essai sur l'organisation de la tribu dans l'anti- *2*
quité, par Koutorga, traduit du russe par Chopin.
Paris, 1839, in-8, br.

488. Antiquités romaines, ou tableau des mœurs, *2*
usages et institutions des Romains, par Alex. Adam.
Paris, 1818, 2 vol. in-8, br.

489. Angleterre ancienne, ou tableau des mœurs, *10*
usages, costumes, armes, etc., de ses anciens ha-
bitans, trad. de l'anglais de Strutt. *Paris*, 1789,
2 vol. in-4, d. rel. n. rog., 67 pl.

490. Le ménagier de Paris, traité de morale et d'éco- *3*
nomie domestique, composé, vers 1393, par un
bourgeois parisien et publié, pour la première fois,
par la Société des bibliophiles François. *Paris*,
Imp. de Crapelet. 1846, 2 vol gr. in-8, pap. de
Holl., br.

491. Censorini de die natali ed. Lud. Carrione. *Lu-*
tetiae, 1683, pet. in-8, vél.

492. La bolla doro de' fanciulli nobili rom., e quella *4*
de' libertini, ed altre singolarita spettanti a' mau-
solei nuovamente scopertisi. Spiegate da fr. Ficoroni. *Roma*, 1732, in-4, fig. v. br.

493. Description d'un olyphant ou grand cornet, *1*

chargé de bas-reliefs trouvé dans la chaîne du Bu-
gey, et observations sur son origine, etc., par Ri-
boud. *Boury*, 1818, in-8, br.

494. La lampe de Saint-Michel, sujet tiré de l'histoire
du XVe siècle, par Mlle de Fauveau. *Paris, Didot,*
1832, broch. in-fol. fig.

495. Laur. Lydi de magistratibus reipublicae romanæ libri tres, nunc primum in lucem editi, et versione, notis indicibusque aucti a J. Dom. Fuss.
praefatus est Car. Hase. *Parisiis*, 1812, in-4, dem.
rel. mar. bl. non rog. (*Thouvenin.*)

Un des cent exemp. en grand pap. vélin.

496. Des journaux chez les Romains, recherches précédées d'un mémoire sur les annales des pontifes,
par Vict. Le Clerc. *Paris*, 1838, in-8, br. (*envoi
d'auteur.*)

497. Geoponicorum sive de re rustica, libri XX, gr.
et lat:, post Needhami curas ad mss. fidem denuo
recensiti et illustrati ab J. Niclas. *Lipsiae*, 1781,
4 tom. en 2 vol. in-8, d. rel. v. ant.

498. Mém. pour servir à expliquer les peintures d'une
coupe de Vulci représentant des exercices gymnas-
tiques, par Roulez. *Bruxelles*, 1842, in-4, br. 3 pl.
(*envoi d'auteur.*)

499. Traité des tournois, joustes, carrousels et autres spectacles publics, par le P. Ménestrier. *Lyon*,
1669, in-4, v. f. fil. tr. d. (*quelques mouillures*).

500. Breitkopf die Spielkarten und das Leinenpapier
enthalt. *Leipzig*, 1784, in-4, br., 10 pl. représentant des cartes à jouer.

501. Xenophontis de Cyri disciplina, lib. VIII, gr.
recensuit Schneider. *Lipsiae*, 1800, in-8, d. rel.
v.

502. Arriani ars tactica, Acies contra Alanos, etc.,
cum interpretibus latinis et notis, ex recens. Blan-

cardi. *Amst.*, 1683, in-8, tit. gr., mar. r. fil., tr. doré.

503. Essai sur le système défensif des Romains dans le pays Eduen, par Bulliot. *Paris*, 1856, gr. in-8, cartes br.

504. Mémoire sur la marine des anciens, par Rondelet. *Paris*, 1820, in-4, d. rel, 10 pl.

505. Bockh. Urkunden uber das seewesen des attischen staates. *Berlin*, 1840, in-8, br.

NOBLESSE ET BLASON.

506. Les souverains du monde, ouvrage qui fait connoître leur généalogie, etc. *Paris*, 1734, 4 vol. in-12, blasons v. br.

507. Nobilitas politica vel civilis, personas scilicet distinguendi, et ab origine inter gentes, ex principum gratia nobilitandi forma. *Londini*, 1608, pet. in-fol., vél. fig. (*mouillé*).

508. De la Roque. Traité de la noblesse et de toutes ses différentes espèces. *Rouen*, 1735, in-4, v. m.
Edition qui renferme les traités du ban et de l'arrière-ban; de l'origine des noms et surnoms, etc.

509. Boulainvilliers. Essai sur la noblesse de France. *Amst.*, 1732, in-12, v. br.

510. Annuaire historique, généalogique et héraldique de l'ancienne noblesse de France, par Saint-Allais. *Paris*, 1835, in-8, br.

511. Traité des droits honorifiques des seigneurs ès églises, par Mat. Mareschal adv. en parlement. *Paris, Nic. Buon*, 1616, pet. in-8, v. m.

512. Tessereau (Ab.). Histoire chronologique de la grande chancelerie de France *Paris*, 1710, 2 vol. in-fol. mar. r., fil. tr. d.
Exemplaire en grand papier.

513. **Vulson de la Colombière**. La science héroïque traitant de la noblesse, de l'origine des armes, etc., avec la généalogie de la maison de Rosmadec. *Paris*, 1644, in-fol., blasons, v. br.

Exemplaire dont quelques feuillets sont réemmargés.

514. **D'Hozier**. les noms, surnoms, qualités, armes et blasons des chev. du Saint-Esprit créés par Louis XIII. *Paris*, 1634, pet. in-fol. rel. (*mauvais état.*)

3 grandes planches d'Abr. Bosse représentant les cérémonies.

515. **Ménestrier**. La nouvelle méthode raisonnée du blason. *Lyon*, 1750, in-12, blasons, d. rel.

516. **Ménestrier**. Nouvelle méthode raisonnée du blason, mise dans un meilleur ordre et augmentée par M. L***. *Lyon*, 1770, in-8, pl., v. m.

Édition complète.

517. **Ménestrier**. Le véritable art du blason ou l'usage des armoiries et les recherches du blason. *Paris*, *Michallet*, 1672, 2 vol. in-12, fig. v. br.

SCIENCES ET ARTS.

518. **Ocellus Lucanus**, de la nature de l'univers, avec la trad. franc. et des notes, par l'abbé Batteux. *Paris*, 1768, in-8 v.

Exempl. en papier de Hollande.

519. **Philosophie religieuse**. Terre et Ciel, par Jean Reynaud. *Paris*, *Furne*, 1854, gr. in-8, br.

Exemp. en papier de Hollande.

520. **Amarasinha** sectio prima de Caelo ex tribus ineditis codicibus indicis ms. curante Paulino a S. Bartholomaeo. *Romae*, 1798, gr. in-4, br.

521. Damascii phil. platonici quaestiones de primis

principiis edidit Kopp. *Francof.*, 1826, in-8, br.

522. Caelum orientis et prisci mundi triade Exercit. liter. repraesentatum, curisque Th. Bangi. *Hauniae*, 1657, pet. in-4, v. f. arm.

523. Des montagnes de la terre, avec un appendice sur les cascades les plus remarquables, par De Bruguière. *Paris*, 1827, in-8, br. (*avec lettre d'envoi.*)

524. Discours sur les révolutions de la surface du globe, par Cuvier. *Paris*, 1825, in-8, br.

525. Monographie de la famille des anonacées, par Duval. *Paris*, 1817, in-4, d. rel, v. 35 planches.

526. Aristotelis de animalibus historiae libri X, gr. et lat. textum recensuit, Scaligeri versionem diligenter recognovit, commentarium ampliss. indicesque locupletissimos adjecit Schneider. *Lipsiae*, 1811. 4 vol. in-8, pap. fin, br.

527. Aeliani de natura animalium, lib. XVII. gr. et lat. cum priorum interpretum et suis animadv. edidit Schneider. *Lipsiae*, 1784, in-8, br.

528. Phile de animalium proprietate, ex prima edit. Arsenii et libro Oxoniensi restitutus a Corn. de Paw, cum versione latina Bersmanni. *Traj. ad. Rh.*, 1730, pet. in-4, v. f. fil.

529. Histoire naturelle de Pline, avec la trad. en français, par Littré. *Paris*, 1848, 2 vol. gr. in-8, br.

530. Cl. Salmasii Plinianae exercitationes in C. Jul. Solini Polyhistora. *Trajecti ad Rhen.*, 1689, 2 t. en 1 vol. in-fol., rel. en vél. blanc cordé.

    Très-bel exemplaire en grand papier.

531. Archimedis opera non nulla a Fed. Commandino nuper in lat. conversa et commentariis illust. *Venetiis Aldus*, 1558, 2 part. en 1 vol. pet. in-fol., v. f. fil.

532. Theonis smyrnaei platonici, expositio eorum, quae in arithmeticis ad Platonis lectionem utilia sunt. ed. de Gelder. *Lugd. Batav.*, 1827, in-8, v. f. fil.

533. Henr. Dodwell. De veteribus graecorum romanorumque Cyclis, obiterque de Cyclo Judaeorum aetate Christi dissertationes. *Oxonii*, 1701, in-4, v. fauve.

534. Ideler. Ueber die Sternkunde der Chaldaer, den Cyclus des Meton und die Zeitreichnung der Perser. *Berlin*, 1817, in-4, br.

Avec des corrections de la main de M. Letronne.

535. Ideler. Ueber den astronomischen Theil der fasti des Ovid. *Berlin*, 1823, in-4, br. (*envoi d'auteur à M. Letronne.*)

536. Epochae celebriores astronomis, historicis et chronologis Chataiorum, syro-graecorum, arabum, persarum, chorasmiorum usitatae ; ex traditione Ulug-Beigii (arab. et lat.) eas primum publicavit et comm. ill. Jo. Gravius. *Londini*, 1650, in-4, 2 parties en 1 vol. vél.

537. Manilii astronomicon, interpretatione et notis ac figuris illust. Mich. Fayus. *Parisiis*, 1679, in-4, v. br., tr. d. (*Edit. ad usum Delph.*)

538. Manili astronomicon, lib. V. recensuit Fr. Jacob. *Berolini*, 1843, in-8, d. rel., v. (*exempl. de Letronne.*)

539. Uranographie ou traité élémentaire d'astronomie, par Francœur. *Paris*, 1837, in-8, br.

540. Mém. sur divers points d'astronomie ancienne, et en particulier sur la période Sothiaque, par Biot. *Paris*, 1846, in-4, b.

541. Recherches sur les bas-reliefs astronomiques des Egyptiens, par Jollois et Devilliers. *Paris, Imp. roy.*, 1817, in-fol, br.

542. Rhode. Versuch uber das alter des Thierkreises und den ursprung der Sternbilder. *Breslau*, 1809, pet. in-4, br. 5 pl.

543. Ideler. Ueber den ursprung des Thierkreises. 1838, br. in-4.

544. Mémoire sur le zodiaque nominal et primitif des anciens Egyptiens, par Raige. br. in-fol.

545. Le zodiaque expliqué, ou recherches sur l'origine et la signification des constellations de la sphère grecque. *Paris*, 1809, in-8, br.

546. Notice sur le zodiaque de Denderah, par Saint-Martin. *Paris*, 1822, in-8, br.

547. Théorie des lois politiques de la monarchie française, par Mlle de Lezardière. *Paris*, 1844, 4 vol. in-8, br.

548. Discours, rapports et travaux sur le code civil, par Portalis. *Paris*, 1844, in-8, br.

549. Discours, rapports et travaux inédits sur le concordat de 1801, par Portalis. *Paris*, 1845, 2 vol. in-8, br.

550. Handbuch der musikalischen litteratur oder allgemeines systematisch geordnetes Verzeichniss der bis zum ende des Jahres 1815. *Leipzig*, 1817, in-8, d. rel.

BEAUX-ARTS.

551. Dictionn. des arts de peinture, sculpture et gravure, par Watelet. *Paris*, 1792. 5 vol. in-8, br.

552. Des couleurs symboliques dans l'antiquité, le moyen-âge et les temps modernes, par Fr. Portal. *Paris*, 1837, in-8, br.

553. Histoire abrégée de la peinture en mosaïque,

suivie de la description des mosaïques de Lyon et du midi de la France, par F. Artaud. *Lyon*, 1835, gr. in-4, cart.

554. Notice sur sept esquisse de Rubens représentant la vie d'Achille, par Collot. *Paris*, s. d. br. in-4.

555. Batailles d'Alexandre le Grand roi de Macédoine, peintes par Lebrun, dessinées et gravées par Seb. Leclerc. *Paris*, 1784, in-4, cart.

556. Iconologie tirée de divers ouvrages, par Boudard. *Paris*, 1759, 3 vol. in-4, d. rel.

Texte italien et français, figures à chaque page.

557. Deorum et heroum, virorum et mulierum illustrium imagines antiquae illust. versibus et prosa ab H. Spoor. *Amst.* 1715, in-4, fig. vél.

558. VISCONTI. ICONOGRAPHIE GRECQUE ET ROMAINE. *Paris, Didot*, 1811-26, 7 vol. in-4, et 3 atlas in-fol. cart. contenant 65 planches.

559. Histoire de la gravure en manière noire, par Léon de Laborde. *Paris*, 1839, gr. in-8, fig. br. (*envoi d'auteur*.)

ARCHÉOLOGIE.

GÉNÉRALITÉS.

560. Rhode. Beitrage zur alterthumskunde mit besonderer Ruecksicht auf das Morgenland. *Berlin*, 1820, 2 vol. in-8, br.

561. Introduction à l'étude de l'archéologie, des pierres gravées et des médailles, par Millin. *Paris*, 1826, in-8. br.

Edition donnée par De Roquefort.

562. Cours d'archéologie professé par Raoul Rochette à la bibliothèque du Roi. *Paris*, 1828, in-8, br.

563. Oesterley. Denkmaeler der alten kunst nach der auswahl und anordnung von Muller gezeichnet und radirt von Oesterley. *Gottingen*, 1832, 6 part. gr. in-4, obl. contenant 89 planches.

564. Muller. Handbuch der archaologie der Kunst. *Breslau*, 1835, in-8, br.

565. Gerhard. Ueber die Lichtgottheiten auf Kunst—denkmaelern. *Berlin*, 1840, in-4, br. 4 pl. (*envoi d'auteur.*)

566. Creuzer. Zur archaeologie. *Leipzig*, 1846-47, 3 vol. gr. in-8, fig. br.

567. Dacien. Aus den ueberresten des klassischen alterthums, mit besonderer Rucksicht auf sieben-burgen, von Neigebaur. *Kronstadt*, 1851, in-8, broch.

568. Etudes d'archéologie et d'histoire, par H. For-toul. *Paris*, 1854, 2 vol. in-8, br.

569. Storia delle arti del disegno presso gli antichi di Giov. Winkelmann trad. dal Tedesco e aumentata dall'abate Carlo Fea. *Roma*, 1783, 3 vol. in-4, fig. vél. (*bel exempl.*)

570. Histoire de l'art chez les anciens, par Winckel-mann, *Paris*, 1766, 2 vol. in-8, v. rac. fil. tr. d.

571. Sillig. Catalogus artificum sive architecti, statua-rii, sculptores, caelatores graecorum et romano-rum. *Lipsiae*, 1827, in-8, v. ant. fil.

572. Des principes de l'art d'après la méthode et les doctrines de Platon, par Em. Burnouf. *Paris*, 1850, in-8, br.

573. Discours sur les monuments publics de tous les âges et de tous les peuples connus, par l'abbé de Lubersac. *Paris, Imp. roy.*, 1775, in-fol. fig. v. éc. fi.

574. Cours d'antiquités monumentales, par De Caumont. *Paris*, 1830-41, 6 atlas gr. in-4, obl. contenant 106 pl. (*envoi d'auteur.*)

575. Antiquitates Antiochenae commentationes duae
Muelleri. *Gottingae*, 1839, in-4, br. 2 pl.

576. Romanum museum sive thesaurus eruditae antiquitatis, cura, studio et sumptibus De la Chausse.
Romae, 1690, in-fol. fig. v. br. 160 pl.

> Avec les 6 pl. de Phallus qui manquent souvent.

577. Museum Cortonense in quo vetera monumenta
complectuntur anaglypha, thoreumata, gemmae
inscalptae, quae in acad. Etrusca ad servantur.
Romae, 1750, in-fol. v. éc. fil. 85 planches.

578. Monuments d'antiquité figurée, recueillis en
Grèce, par la Comm. de Morée et expliqués, par
Le Bas. *Paris*, 1837, 2 cah. gr. in-8, 10 pl. (*envoi
d'auteur.*)

579. Monuments inédits d'antiquité figurée grecque,
étrusque et romaine, recueillis pendant un voyage
en Italie et en Sicile, par Raoul Rochette. *Paris*,
1828, gr. in-fol. en livraisons, fig. noires et coloriées.

580. Bottiger's kleine scriften archaologischen und
antiquarischen inhalto, herausgegeben von Sillig.
Dresden, 1837, 3 vol. in-8, br. fig.

581. STATISTIQUE MONUMENTALE DE PARIS. Cartes,
plans et dessins, par Albert Lenoir, 3e série. —
Archéologie. 31 livraisons très-gr. in-fol. fig. noires
et coloriées.

> Publié par les soins du ministre de l'Instruction publique.

582. Statistique monumentale du Calvados, par De
Caumont. *Paris*, 1846, in-8, fig. br. (tom. Ier).

583. Minervini. Bulletino archeologico Napolitano.
Napoli, 1853-55, 3 vol. in-4, fig. br. plus 19 numéros sép. de l'année 56.

584. ANNALES DE L'INSTITUT DE CORRESPONDANCE ARCHÉOLOGIQUE. 1829-45 incl. (m. 1831, 1er cah. 1836, 1er cah. et 1844). — Bulletin de l'Institut de correspondance archéologique. 1829 à 1845 incl. (*m. l'année 1844 et le titre de l'année 1836*).

585. NOUVELLES ANNALES publiées par la section française de l'Institut archéologique, *Paris*, 1836 à 1839, 4 vol. in-8, pl. et atlas de 24 planches très-gr. in-fol.

586. Monuments inédits publiés par l'Institut archéologique, 4 vol. in-fol. en feuilles (m. au tome 2 les planches 33 à 38 et au tome 4, 25 à 39).

587. Mem. de l'Institut. 2e série. Antiquités de la France, 3 vol. in-4, avec planches.

588. Bulletin monumental par De Caumont. *Paris*, 1838 et 1839 rel. en 1 vol. dem. rel, fig. (*tome 24 comp. et tom. 25 jusqu'à la page 268*).

589. Mémoires de la société des antiquaires de Picardie. *Amiens*, 1855, in-8, br. (*tome XIV.*)

590. Mem. de la commission des antiquités de la Côte-d'or. Ann. 1832 et 1833, 1834 et 1845, 2 vol. in-8, br.

> Par décision de la commission, la dernière partie publiée sans son autorisation a été supprimée.

591. Gerhard. Denkmaler, forschungen und Berichte als fortsetzung der archaeologischen zeitung. *Berlin*, 1849-57, in-4, en livr. 102 num. avec planch. (m. les num. 61, 62 et 63).

592. Le musée d'Aquitaine recueil consacré aux sciences et aux arts. *Bordeaux*, 1823, 4 vol. in-8, fig. cart.

> Le 4e vol. est formé de brochures archéologiques de F. Jouannet.

593. Mém. de la société royale des antiquaires du nord. *Copenhague*, 1844, gr. in-8, fig. br.

> Contenant: Essai sur les monnaies coufiques frappées par les émirs de la famille des Bouides par Lindberg. — Median species of arrowheaded writing by Westergaard.

594. Excursion scientifique dans la Bourgogne septentrionale, par Mignard. *Dijon*, 1855, gr. in-8, br.
4 pl. (*envoi d'auteur.*)

595. Rapport verbal sur une excursion archéologique
faite en 1857 au Mans, en Touraine et en Poitou,
par De Caumont. *Paris*, 1858, in-8, fig. br. (*envoi
d'auteur*).

MELANGES.

596. OEuvres diverses de J.-J. Barthelemy, publiées
par De Sainte-Croix. *Paris*, 1823, 2 vol. in-8,
port. rel. en c. de Russie, gauf. fil. tr. d.

> Contenant: Recherches sur le partage du butin chez les
> anciens; un traité des médailles; lois des anciens perses;
> antiquités d'Herculanum, Balbec, Palmyre, etc.

597. Zoega Abhandlungen, herausg. von Welcker.
Goettingen, 1817, in-8, fig. br.

598. Arneth (Jos.). Archaeologische analecten. *Wien*
1851, in-fol. obl. cart. 20 pl. noires et color.

599. Welcker. Kleine Schriften. *Bonn*. 1844-50, 3 vol.
in-8, cart. (*envoi d'auteur.*)

> Vendu 21 fr. Raoul Rochette.

600. Miscellanea eruditae antiquitatis in quibus marmora, statuae, musiva, etc., huc usque inedita
referuntur ac illustrantur: cura et studio Jac. Sponii.
Lugduni, 1685, in-fol. fig. d. rel.

601. Boettigeri opuscula et carmina latina. collegit et
edidit Jul. Sillig. *Dresdae*, 1837, in-8, port. br.

602. Creuzer. Opuscula selecta. *Lips.*, 1854. — aus
dem Leben eines alten professors. *Leipzig*, 1848,
4 br. in-8.

603. Meletemata e disciplina antiquitatis opera Frid.
Creuzeri. *Lipsiae*, 1817, 3 part. en 1 vol. in-8,
br.

604. Recueil de dissertations archéologiques, par Quatremère de Quincy. *Paris*, 1836, gr. in-8, fig. br.

605. Dissertations archéologiques, Athénée Mnénon; Dionysus et les Cabires; Marsyas et Olympus ; la cession de Calauria à Neptune, par Panofka. *Paris*, 1845, gr. in-8, br. 3 pl.

606. Trois dissertations, par P. Rossignol. *Paris*, *Imp. Crapelet*, 1850, in-8, br. (*avec lettre d'envoi.*)

> Sur l'inscription de Delphes. Sur l'ouvrage d'Anaximènes intitulé: de peintures antiques; sur la signature des œuvres de l'art, chez les anciens.

607. Arneth. Dissertations archéologiques en all. *Wien*, 1851-54, 10 br. gr. in-8, avec pl. noires et color.

608. Dissertations et mémoires sur différents sujets d'antiquité et d'histoire, publiés sur les mss. de Pasumot, par Grivaud. *Paris*, 1810–13, in-8, fig. br.

609. Mélanges d'antiquités grecques et romaines, par le comte de Clarac. *Paris*, 1830, in-8, br.

610. Roulez. Mélanges de philosophie, d'histoire et d'antiquités. *Bruxelles*, 1840-50, 5 fasc., in-8, fig. br. (II à VI.)

611. Mémoires d'archéologie comparée asiatique, grecque et étrusque, par Raoul-Rochette. *Paris*, *Imp, nation.*, 1848, gr. in-4, br., 9 pl. coloriées. (*envoi d'auteur.*)

> 1er mémoire. Sur l'Hercule Assyrien et Phénicien considéré dans ses rapports avec l'Hercule Grec.

612. Mélanges archéologiques et littéraires, par Edel. du Méril. *Paris*, 1850, in-8, br. (*envoi d'auteur.*)

613. Archéologie, 6 broch. en allemand, in-8.

> Par Muller et Welcker.

614. Archéologie, 11 br. gr in-8, avec pl.

Dont : Description de quelques poids antiques par De
Longpérier ; lettere sopra un antica testa di Medusa ; ex-
plication de trois bagues d'or de travail étrusque par
De Witte ; extrait d'une notice sur les talismans, etc., etc.

615. Mélanges, 1 vol. gr. in-8, d. rel.

Contenant : Inscriptions grecques et latines par Le Bas,
1836 2 part. — Manuel de l'auditeur du cours d'Hindous-
tani par Garcin de Tassy — le Tahio ou la Grande étude
par Pauthier — des représentations zodiacales par
De Pontécoulant.

616. Archéologie grecque, 17 br. in-4 et in-8.

Dont : Brugsch, die Adonisklage und das linoslied ; forch
hammer. Apollonis ankunft in Delphi ; Ross. Das Theseion
und der tempel des ares in Athen ; Die Geburt der Athene ;
Lenz. Die Goettin von Paphos ; diss. de Apolline et Diana ;
De Bellona culta et sacris ; De fauno et fauna sive bona
dea ejusque mysteriis ; De Cupidine Cosmogonico, etc., etc.

617. Grotefend. 7 broch. in-4, avec pl.

Die Tributverzeichnisse des obelisken aus Nimrud
1852. — Neue Beitrage zur Erlauterung der Persepolita-
nischen Keilschrift 1837. — Erlauterung der Babylonis-
chen backstein Inschriften etc., etc.

**618. Gerhard. 10 br. in-4 et in-8, avec pl. (*envoi
d'auteur et lettre aut.*)**

Zwei Minerven — Mykenische alterthumer — die
Schmueckung der Helena — Jason des drachenbeute —
Koenig atlas im hesperidenmythos — Herakles der Satyr
und dreifus Sraeuber ein griechisches vasenbild.

619. Mélanges, 14 broch. in-4 et in-8.

Sur gran Mosaico dissotterrato in Pompei ; Theod. Du-
caina Paleologhina piombo unico inedito ; Roulez, Notice
sur un bas-relief funéraire d'Arezzo représentant une
scène de toilette ; De Luynes sur le sarcophage d'un roi
de Sidon découvert près de Sayda, etc. etc.

**620. Rapporto intorno gli scavi Pompeiani esequiti
negli anni 1835-38 del dott. Schulz. *Roma*, 1839,
gr. in-8,, br., 2 grandes planches sur pap. de Ch.
(*envoi d'auteur.*)**

621. Antiquités de Rheinzabern, in-4, 14 pl. br.

Ouvrage posthume de Schweighaeuser publié par Matter.

622. Recherches sur les antiquités de l'Amérique Septentrionale, par Warden. *Paris*, 1827, in-4 br.

623. De la Hache sculptée au haut de plusieurs monuments funèbres antiques, par Nolhac. *Lyon*, 1840, gr. in-8, br. (*envoi d'aut.*)

624. Dissertation sur les pommes d'or des hespérides, par Amoreux, 1809, in-8, br.

625. Revue de l'histoire de la Licorne, par Amoreux. *Montpellier*, 1818, in-8 br.

626. De romano divi Petri itinere et episcopatu ejusque antiquissimis imaginibus exercitationes historico criticae, auct. P. Fogginio. *Florentiae*, 1741, in-4, fig. v. f.

CATALOGUES D'OEUVRES D'ART.

627. Fea. Nuova descrizione de monumenti antichi ed oggetti d'arte contenuti nel Vaticano et nel Campidoglio. *Roma*, 1819, pet. in-8, fig. br.

628. Catalogue des antiquités composant le musée Pie–Clémentin au Vatican. *Roma*, 1792, in-12, v. f. fil.

629. Il museo Chiaramonti descritto e illustrato da Visconti et Guattani. *Milano*, 1820, gr. in-8, cart. non rog., 45 pl.

630. Osservazioni sopra alcuni antichi monumenti della villa Albani. *Roma*, 1779, in-fol. cart. 6 pl.

631. Museo Bresciano illustrato (per Giov. Labus). *Brescia*, 1838, in-fol., 60 pl.

Tome 1er seul paru, vendu 36 fr. Raoul Rochette.

632. Notice des monuments d'antiquités égyptiennes

du musée du Louvre , par Em. de Rougé. *Paris*,
1849, gr. in-8, pap. de Holl., br.

633. Notice des monuments exposés dans la galerie
d'antiquités assyriennes au musée du Louvre, par
Ad. de Longpérier. 1849, in-8, br. (*envoi d'auteur.*)

634. Notice des antiquités assyriennes, babyloniennes,
perses, hébraïques du musée du Louvre, par Ad.
de Longpérier. *Paris*, 1854, gr. in-8, pap. de Holl.
br. (*envoi d'auteur.*)

635. Notice des monuments exposés dans la salle des
antiquités américaines au musée du Louvre, par
Ad. de Longpérier. *Paris*, 1850, gr. in-8, pap. de
Holl., br.

636. Description du musée des antiques de Toulouse,
par Du Mège. *Paris*, 1835, in-8, br. (*avec lettre
d'envoi.*)

637. Description du musée de Vienne (Isère), précé-
dée de recherches sur le temple d'Auguste et de
Livie, par Delorme. *Vienne*, 1841, in-8, fig. br.

638. Uebersichtliche erklaerung aegyptischer denkmaeler des K. neven Museums zu Berlin von
Brugsch. *Berlin*, 1850, pet. in-8, br.

639. Bayern. Beschreibung der Glyptothek S. Maj.
des konigs Ludwig 1. *Munchen*, 1830, in-12, cart.

640. Arneth. Beschreibung des K. K. munz und antiken kabinettes. *Wien*, 1845, in-8, cart.

641. Welcker. Das akademische kunstmuseum zu
Bonn. 1841, gr. in-8, br.

642. Catalogo ragionato dei libri d'arte e d'antichita
posseduti dal conte Cicognara. *Pisa*, 1821, 2 vol.
in-8, br.

643. Museo Worslejano (dal' dott. Giov. Labus). *Milano*, 1834, gr. in-8, port. cart. non rog., 78 pl.
(*ex. de Letronne.*)

644. Monumenti antichi inediti posseduti da Raf. Barone, con brevi dilucid. di Minervini. *Napoli*, 1852, tome Ier, gr. in-8, br., 25 pl. (*manque les pages 93 à 100.*)

645. Catalogue d'antiquités formant la collection du comte de Choiseul-Gouffier. *Paris*, 1818, in-8, br.

    Avec les prix et les noms des acquéreurs, cette collection a produit 156 mille francs.

646. Catalogue des objets d'antiquité et de curiosité de l'abbé Campion de Tersan. *Paris*, 1819, gr. in-8, br.

647. Description des monuments musulmans du cabinet du duc de Blacas, par Reinaud. *Paris*, 1828, 2 vol. in-8. br., 10 pl.

648. Collection d'antiquités égyptiennes recueillies par le chevalier de Palin, publiées, par Dorow et Klaproth. *Paris*, 1829, in-fol., en liv., 33 pl.

649. Description des antiquités et objets d'art qui composent le cabinet du chevalier Durand, par De Witte. *Paris*, 1836, gr. in-8, br., 5 pl.

650. Description d'une collection de vases peints et bronzes antiques provenant des fouilles de l'Etrurie, par De Witte. *Paris*, 1837, gr. in-8, br. (*envoi d'auteur.*)

651. Description de la collection d'antiquités de M. le Vic. Beugnot par De Witte. *Paris*, 1840, gr. in-8, br. (*envoi d'auteur*).

652. Catalogue Grille d'Angers, antiquités, curiosités, objets d'art, sacellum romain en argent, 9,000 médailles et bibliothèque. 1851, gr. in-8, br. avec suppl.

653. Catalogue des dessins et objets d'art légués à la ville de Lille par Wicar. *Lille*, 1856, gr. in-8, b.

    Exemp. en pap. de Holl.

654. Catalogue of the collection of Assyrian, Babylo-

nian, Egyptian, Greek, Etruscan, Roman, Indian, Peruvian and Mexican antiquities, formed by Hertz. *London*, 1851, in-4, 6 pl. br.

Ce catalogue qui contient 3600 articles n'a pas été mis dans le commerce, celui-ci a été offert par le collecteur à M. Lajard.

655. Musei franciani descriptio. *Viennae*, 1805, in-8, broch.

656. Il museo Bartoldiano descritto dal dot. Panofka. *Berlino*, 1827, in-8, v. ant. fil. (*Duplanil.*)

657. Catalogues d'antiquités et objets d'art. 20 broch. in-8.

ARCHEOLOGIE EGYPTIENNE.

658. Lepsius. Auswal der wichtigsten urkunden des aegyptischen alterthums. *Leipzig*, 1842, gr. in-fol. 23 pl.

659. Mémoire sur le Sérapeum de Memphis, par Brunet de Presle. *Paris, Imp. nat.*, 1852, br. in-4, (*envoi d'aut.*)

660. Steinbuechel. Beschreibung der K. K. Sammlung aegyptischer alterthuemer. *Wien.* 1826, in-16 fig. cart. (*envoi d'aut.*)

661. Description des antiquités de Tentyris, de Coptos et d'Apollinopolis Parva, par Jollois et Devilliers. *Paris, Imp. roy.*, 1817, in-fol. br.

662. Lettera di Michel Angelo Lanzi sopra uno scarabeo Fenico-Egizio e piu monumenti Egiziani. *Napoli*, 1826, gr. in-4, pap. vél. fig. br.

663. Archéologie Egyptienne, 20 broch., par De Bertou, de Rougé, Hittorf, Prisse d'Avesnes, Letronne, Petit-Radel, etc.

ARCHEOLOGIE ASIATIQUE.

Assyrie, Perse, Phénicie, etc.

664. Sur l'Assyrie. 10 br. in-4 et in-8.

> Dont: Hesse, de Assyriis diss. 1836; Boetticher. Horae Aramaïcae 1847; Brandis rerum Assyr. tempora emend. 1853; Monumenti persepolitani 1801; Recherches sur l'écriture cunéiforme assyrienne par De Saulcy.

665. Nahumi de Nino vaticinium explicavit ex assyriis monumentis illustravit otto Strauss. *Berolini*, 1853, in-8, br.

666. Mémoires sur diverses antiquités de la Perse, et sur les médailles des rois de la dynastie des Sassanides, par Silvestre de Sacy. *Paris, Imp. nat.* 1793, in-4, br. planches.

667. Lettres de M. Botta sur ses découvertes à Khorsabad, prés de Ninive, publiées, par J. Mohl. *Paris, Imp. roy.*, 1845, in-8, br. 55 planches. (*vendu* 23 *fr. Raoul Roch.*)

668. Monument de ninive découvert et décrit par Botta, mesuré et dessiné par Flandin, *Paris, Imp. nat.*, 1850, 5 vol. gr. in-fol. dont 4 de planches, en feuilles.

> Exemplaire collationné et mis en ordre pour la reliure. Il contient 375 planches, dont plusieurs coloriées; le prix de souscription est de 1800 francs. Vendu 490 Raoul Rochette.

669. Niniveh und Persepolis, eine Geschichte des alten Assyriens und Persiens nebst bericht ueber die nevesten Entdeckungen in diesen Laendern. Von Vaur. *Leipzig*, in-8, br. avec pl.

670. Nineveh: Its rise and ruin; as illustrated by ancient scriptures and modern discoveries, by Blackburn. *London*, pet. in-8, cart.

671. The monuments of Nineveh from drawings made on the spot by austen Henry Layard. *London, Murray*, 1849, gr. in-fol. dans un carton, dos et coins de mar. — Layard's monuments of Nineveh; = second series. *London*, 1853, gr. in-fol. obl., dos et coins de mar. rouge.

> Magnifique exemplaire de ce splendide ouvrage, contenant 200 planches, dont beaucoup sont coloriées. Exemplaire acheté 255 francs à la vente Raoul Rochette.

672. Second mémoire sur les ruines de Ninive, par Hoefer. *Paris*, 1850, in-8, br., 4 pl.

673. Oriental cylinders by a Cullimore. *London*, 1842, 4 part. gr. in-8, 32 pl. contenant 174 figures.

674. Journal of the asiatic society. *London*, 1846-53, 7 part. in-8, fig. br. (vol. X, XI 1re part., XII, XIV 1re part., XV 1re partie.)

> Contenant: Rawlison. the Persian cuneiform inscription; Memoir on the Babylonian and Assyrian inscriptions.

675. Oriental collections consisting of original essays and dissertations, translations and miscellaneous papers, illustrating the history and antiquities, the arts, sciences and literature of Asia (collected by Will. Ouseley). *London*, 1797-1800, 3 tom. en 1 vol. gr. in-4, fig. v. gr. fil.

> Vendu 40 fr. Langlès.

676. Musée Borgiani Velitris codices manuscripti Avenses Peguani Siamici Malabarici Indostani animadv. historico-criticis castigati et illustrati accedunt monumenta inedita et cosmogonia Indico-Tibetana auctore P. Paulino a S. Barthelomaeo malabarie ex mission. *Romae*, 1793, in-4, fig., br.

677. Bibliotheca arabica edidit Schnurrer. *Halae ad Salam*, 1811, in-8, v. ant. dent.

678. Journal asiatique de juillet 1822 (origine) à déc. 1827. (m. le 2e et le 8e cahier.) — 4e série, nos 64, 68, 73, 80, 81, 84, 85, 86, 88. — 5e série,

n°s 4, 5, 7, 9-11, 13, 17-19, 22-25, 29-31 et 38-46. Ensemble 99 n^{os}.

679. Gerhard. Ueber die Kunst der Phoenicier. *Berlin*, 1848, in-4, br., 7 pl. *(envoi d'auteur.)*

680. Lettre au marquis Olivieri an sujet de quelques monuments phéniciens, par l'abbé Barthelemy. *Paris*, 1766, in-4, br. 4 pl.

681. Munter. Der Tempel der himmlischen Goettin zu Paphos. *Kopenhagen*, 1824, br. in-4, 4 pl.

682. Sabaean researches, in a series of essays, addressed to distinguished antiquaries, and including the substance of a course of lectures delivered at the royal institution of Great Britain, on the engraved hieroglyphics of Chaldea, Egypt, and Canaan, by John Landseer. *London*, 1823, gr. in-4, fig., cart. non rog.

ARCHÉOLOGIE GRECQUE, ÉTRUSQUE, ROMAINE, ETC.

683. Voyage en Sardaigne, par le comte Albert de la Marmora. *Paris*, 1840, gr. in-8 br. et atlas in-fol. obl. de 40 planches *(envoi d'auteur.)*

Deuxième partie, contenant les antiquités.

684. Notice sur les Nuraghes de la Sardaigne suivie de recherches sur les monuments cyclopéens, par Petit Radel. *Paris*, 1826, in-8, br., 4 pl.

685. Brunn. Geschichte der Griechischen kunstler. *Braunschweig*, 1853-56, 2 vol. in-8, br.

686. MÉTAPONTE, par le duc de Luynes et F. J. Debacq, architecte, membre de l'Institut archéologique. *Paris, Renouard*, 1833, très-gr. in-fol., cart., 10 planches, dont plusieurs coloriées. *(avec envoi.)*

687. Overbeck. Galerie heroischer bildwerke der al-

ten kunst. *Halle*, 1852, in-8, avec pl. en feuilles.

688. Le antichita della Sicilia, espote ed illustrate per Dom. lo Faso Piétra Santa duca di Serradifalco. *Palermo*, 1834, 5 vol. in-fol. cart.

> Cet ouvrage important ne contient pas moins de 175 planches plus un certain nombre de cartes et de vignettes vendu 130 fr., Raoul Rochette.

689. Voyage archéologique dans l'ancienne Etrurie. par Dorow, trad. de l'all. par Eyriès. *Paris*, 1829, in-4, br. 16 pl. (*envoi d'aut.*)

690. Micali. L'Italia avanti il dominio dei Romani. *Firenze*, 1821, 4 vol. in-8, br. et atlas in-fol. 66 pl.

> Seconde édition revue et augmentée par l'auteur.

691. Storia degli antichi popoli Italiani di **G. Micali**. *Firenze*, 1832, 3 vol. in-8, br., et atlas in-fol., 120 pl. noires et color. dans un carton.

692. Monumenti inediti a illustrazione della storia degli antichi popoli italiani dichiarati da **G. Micali**. *Firenze*, 1844, in-8, cart., et atlas gr. in-folio, cart.

> Contenant 60 planches dont quelques-unes coloriées.

693. Gerhard. Ueber die metallspiegel der Etrusker. *Berlin*, 1838, in-4, br. 3 pl. (*Envoi d'auteur.*)

694. Descrizione di Cere antica ed in particolare del monumento sepolcrale scoperto nell'anno 1836, dell' archit. Luigi Canina. *Roma*, 1838, in-fol., cart., 10 pl. (*envoi d'auteur à M. Raoul Rochette.*)

695. Il laberinto di Porsenna comparato coi sepolcri di Poggio-Gajella ultimamente dissotterrati nell' agro Clusino. *Roma*, 1840, gr. in-fol., 5 pl.

696. Creuzer. Abriss der romischen antiquitaten zum gebrauch bei Vorlesungen. *Leipzig*, 1824, in-8, d. rel., v. f.

697. Becker. Handbuch der Romischen alterthumer.

Leipzig, 1843-46, 2 vol. in-8, d. rel. v. (*ex. de Letronne.*)

698. Gerhard. Hyperboreischromische studien fur archaeologie. *Berlin*, 1833, in-8, br. (*tome Ier.*)

699. Les plans et les descriptions de deux des plus belles maisons de campagne de Pline le consul, par Félibien. *Paris*, 1699, in-12, v. br.

700. Nérac et ses antiquités, 6 broch., par Jouannet et de Villeneuve Bargemont.

701. Notice sur l'état actuel de l'arc d'Orange et des théâtres antiques d'Orange et d'Arles (par Aug. Caristie, archit.). *Paris*, 1839, in-4, br., 9 pl.

702. Archéologie. 1 vol. in-8, d.-rel.

> Contenant: Explication d'une inscription antique trouvée à Lyon (sur les Tauroboles) par De Boze. Paris 1705 — Bulletin des fouilles faites par ordre du roi, d'une ville romaine sur la montagne du Chatelet, entre St-Dizier et Joinville par Grignon. Bar-le-duc 1774 — Archéol. de Mons-Seleucus, ville romaine dans le pays des Voconces. Gap. 1806.

703. Antiquités de Lyon. Dissertation sur trois fragments en bronze, trouvés à Lyon, par Comarmond. *Lyon*, 1840, gr. in-8, fig., br. (*Envoi d'auteur*).

704. Description de l'écrin d'une dame romaine, trouvé à Lyon en 1841, par le Dr Comarmond. *Lyon*, 1844, in-4, br., 5 pl. (*envoi d'auteur*).

705. Description du sarcophage découvert à Saint-Irénée et des tables de Claude, par Comarmond. *Lyon*, 1847, in-4, br., 2 pl.

706. Mémoire sur une urne cinéraire du musée de la ville de Rouen, par Félix Lajard. *Paris, Imp. roy.*, 1843, gr. in-4, cart.

> Un des cinq exempl. tirés sur grand pap. vélin épreuves sur Chine.

707. Sépultures gallo-romaines découvertes à Beauvais. Epingle à cheveux de l'époque mérovingienne, par Mathon. *Beauvais*, 1856, br., gr. in-8, 2 pl.

Archéologie du moyen age, etc.

708. Discours sur l'origine, le développement et le caractère des types imitatifs qui constituent l'art du christianisme, par Raoul Rochette. *Paris, 1834, in-8, cart.*

709. Abrégé des antiquités nationales de Millin. *Paris, 1837, 5 vol. in-4, fig., br. (Manque le 3e vol.)*

710. Recherches sur les monuments et l'histoire des Normands et de la maison de Souabe dans l'Italie méridionale, publiées par les soins du duc de Luynes. *Paris, 1844, très-gr. in-fol., pap. vél., dem.-rel., toile, 35 planches.*

Exemplaire avec envoi d'auteur.

711. Del duomo di Monreale e di altre chiese siculo normanne ragionamenti tre per Dom. lo Faso Pietra Santa duca di Serradifalco. *Palermo, 1838, très-gr. in-fol., cart., 28 planches.*

Avec lettre d'envoi autog. de l'auteur.

712. L'Hôtel de Cluny au moyen âge, par Mme de Saint-Surin. *Paris, Techener, 1835, in-12, pap. de Holl., br.*

713. Mosquée d'Amrou au Kaire. gr. in-fol., avec 4 pl. (*envoi d'auteur*).

Extrait des mon. arabes de Girault de Prangey.

714. Archéologie française, 19 br. in-4 et in-8.

Dont: de l'antiquité de Montpellier; Notice sur les fouilles faites à Neuville près Dieppe; sur les monuments antiques du département de Vaucluse; Diss. sur Divona des Cadurci; Mémoire sur une urne cinéraire du musée de Rouen par Lajard, etc.

715. 6 broch. gr. in-8.

Notice sur les tombeaux de Ch. le Téméraire et de Marie

de Bourgogne; sur la tapisserie de Ch. le Téméraire ; sur une lettre inédite adressée à la Reine Blanche ; Lettre sur le cœur de St-Louis par Deville, etc.

716. Du style gothique au XIXe siècle, par Viollet Le-duc. *Paris*, 1846, br. in-4.

SCULPTURE.

717. Histoire de la sculpture antique, par Eméric David. *Paris*, 1853, in-12, br.

718. Berlin's antike bildwerke beschrieben von Ge-rhard. *Berlin*, 1836, in-8, br., fig. (*tom.* 1er, *envoi d'auteur*).

719. MUSÉE DE SCULPTURE ANTIQUE ET MODERNE, PAR LE COMTE DE CLARAC. *Paris, Impr. Royale*, 1826-1853, 17 livraisons de texte, gr. in-8, et 17 livraisons de planches, gr. in-4.

Exemplaire bien complet.

720. Mém. sur des ouvrages de sculpture du Parthé-non et de quelques édifices de l'Acropole à Athè-nes, par Visconti. *Paris*, 1818, in-8, br.

721. Traité des statues (par Fr. Lemée). *Paris*, 1688, in-12, v. br.

722. De l'usage des statues chez les anciens, essai historique. *Bruxelles*, 1768, in-4, v. m., 12 pl.

723. Philostratorum quæ supersunt omnia, accessere Apollonii tyanensis epistolæ, Eusebii liber adver-sus Hieroclem, Callistrati descriptio. statuarum, Græce et latine : omnia recensuit, notis perpet. il-lustravit Gottf. Olearius. *Lipsiae*, 1709, in-fol., v. f. fil.

Bel exemplaire.

724. Antiquarum statuarum urbis Romæ, J. B. de Cavalleriis authore. *Romæ*, s. a., in-4, vél., 102 pl.

725. Statues antiques. 6 br. in-4 et in-8.

La Minerve de Phidias par Simart; Obs. sur la statue du Gladiateur mourant; Observ. sur le Laocoon par Autran; Congetture intorno ad una statuina di Bronzo del Gabinetto Carlo Alberto etc.

726. Welcker. Die Giebelgruppen und andre Griechische gruppen und statuen. *Gottingen*, 1849, in-8. cart. (*envoi d'auteur.*)

727. Welcker. Ueber die Gruppirung der Niobe und ihrer Kinder. *Bonn*, 1836, in-8, fig. br. (*envoi d'aut.*)

728. Villa Albani. Recueil en 1 vol. in-fol., fig., cart.

Contenant: Ricerche sopra un Apolline, 1772 — Oss. sopra un bassorilievo 1773 — Diss. sopra un singolar combattimento espresso in bassorilievo — Sopra un antico Nido di marmo 1778 — Sopra alcuni monumenti 1779.

729. L'alectryonophore. Description d'une statue antique du palais impérial de la Tauride. *Saint-Pétersbourg*, 1835, gr. in-4, fig., br. (*envoi d'aut.*)

730. Di un busto colossale in marmo di Caio Cilnio Mecenate scoperto e posseduto dal cav. Manni. illustraz. dei sig. Visconti, Cicognara, Raoul Rochette. *Parigi*, 1837, gr. in-8, fig., br.

731. Marmi antichi Bresciani raccolti nel museo Patrio classificati e illustrati dal cav. Giov. Labus. *Milano*, 1854, gr. in-8. — Giov. Labus. biographie, par Zambelli, in-4. port. br. (*envoi d'aut.*)

732. Osservazioni sopra un frammento antico di bronzo di greco lavoro rappresentante Venere. *Milano*, 1819, gr. in-4, fig. cart.

733. Saggio di bronzi etruschi trovati nell'agro Perugino disegnati da Vinc. Ansidei e descritti da Vermiglioli. *Perugia*, 1813, gr. in-4, br., pl.

**734. Bas-reliefs gaulois trouvés à Entremont, près

d'Aix en Provence, par Rouard, *Aix*, 1851, in-8, br., 5 pl. (*envoi d'aut.*)

> Mém. couronné par l'Acad. des inscriptions et belles-lettres.

735. Description des sculptures solaires de l'église de Cherbourg, par Ménant. *Paris*, 1850, in-4, br. 10 pl.

736. Canova et ses ouvrages ou mémoires historiques sur sa vie et ses travaux, par Quatremère de Quincy. *Paris*, 1834, gr. in-8 port., et fac-sim., pap. vel., d. rel. mar., non rog.

737. Notice sur le Yamantaga, idole rare du musée d'antiquités de l'Université de Moscou, par Fischer de Waldheim. *Moscou*, 1826, in-4, cart., 3 pl. (*envoi d'auteur.*)

PIERRES GRAVÉES.

738. Catalogue raisonné d'une collection générale de pierres gravées, antiques ou modernes, tant en creux que camées, tirées des cabinets les plus célèbres de l'Europe. moulées par J. Tassie, sculpteur, mis en ordre et le texte rédigé par Raspe. *Londres*, 1791, 2 vol. gr. in-4, v. 57 planches, texte anglais et français.

> Vendu 67 fr. Raoul Rochette.

739. Choix de pierres gravées antiques, égyptiennes et persannes recueillies pendant un voyage fait au Levant, en 1815, par J. Dubois. *Paris*, 1817, in-4, br. 5 pl.

740. Pierres gravées inédites tirées des plus célèbres cabinets de l'Europe, publiées et expliquées par Millin. *Paris*, 1817, in-8, 61 pl.

741. Description des pierres gravées de feu Grivaud de la Vincelle, par Dubois. *Paris*, 1820, in-8, br.

742. Toelken. Erklärendes verzeichniss der antiken vertieft geschnittenen steine der koniglich Preussischen Gemmen-sammlung. *Berlin*, 1835, in-8, br. (*ex. de Letronne.*)

743. Catalogue des pierres gravées antiques de S. A. le prince Stanislas Poniatowski. *s. l. n. d.* in-4, mar. vert, fil.

744. Fr. Ficoronii Gemmae antiquae litteratae, aliaeque rariores, accesserunt vetera monumenta, etc. *Romae*, 1757. in-4, v. rac. 25 pl.

745. Baierus. Gemmarum affabre sculptarum thesaurus quem collegit Ebermayer. *Norimbergae*, 1720, in-fol., fig. v.

> Dans le même vol.: Reusch, Capita deorum et illustrium hominum ; nec non hieroglyphica etc. 17 pl.

746. Joan. Macarii canonici ariensis abraxas, seu apistopistus; quae est antiquaria de gemmis Basilidianis disquisitio. *Antverpiae Plantin*, 1657. in-4, fig. v. br.

747. Specimen decadem sigillorum complexum quibus historiam italiae, galliae atque Germaniae illustrat Glafey. *Lipsiae*, 1749, pet. in-4, d. rel. m. 12 pl.

748. Description d'une camée du cabinet des pierres gravées de l'empereur de Russie. *Saint-Pétersbourg*, 1810, gr. in-8, pap. vél., 3 pl. br.

VASES PEINTS ET AUTRES.

749. Griechische und Etruskische Trinkschalen des koniglichen museums zu Berlin, herausgegeben von Gerhard. *Berlin*, 1840, très-gr. in-fol.. d. rel. v.

> Contenant 18 planches en couleurs. Exemplaire d'envoi. Vendu 39 fr. Raoul Rochette 12 planches seulement.

750. Élite des monuments céramographiques, par Lenormant et de Witte. *Paris*, 1844, 2 vol. gr. in-4 de texte et 3 de planches.

Notre exempl. est incomplet, il manque au tom. 1er les ff. 1 à 25 du texte, le tom. 1er des planches, à 87 ff. il m. les nos 58 à 62, 66, 70, 73, 76, 78, 81, 82, 84 et 85 — le texte du tom. 2 s'arrête à la page 264 et il manque les pl. 1 à 20, 24, 25, 110, (s'arrête à 118) — tome 3 du texte m. ainsi que les planches 80, 85 (sur 88 pl.)

751. Choix de vases peints du musée de Leide; publiés et commentés par J. Roulez. *Gand*, 1854, gr. in-fol. en carton.

Très-bel ouvrage parfaitement exécuté et contenant 20 planches en couleurs.

752. Description des vases peints et des bronzes antiques de la coll. de M. de M. (Magnoncour) par de Witte. *Paris*, 1839, gr. in-8, pap. vél., br. (*envoi d'auteur*).

753. Description de quelques vases peints, etrusques, italiotes, siciliens et grecques, par le duc de Luynes. *Paris, Didot*, 1840, gr. in-fol. en livraison (*contenant 45 planches*).

Vendu 60 fr. Raoul Rochette.

754. Descrizione di alcuni vasi fittili antichi della collezione Jatta con brevi dilucidazioni di Minervini. *Napoli*, 1846, in-8, br. (*parte prima. Divinita*).

755. Recherches sur les véritables noms des vases grecs et sur leurs différents usages, par Théod. Panofka. *Paris*, 1829, gr. in-fol., cart. non rog., 9 planches.

Vendu 24 fr. Letronne, 20 fr. Raoul Rochette.

756. Observations sur les noms des vases grecs, par Letronne. *Paris, Impr. Roy.* 1833, in-4, br. (*envoi d'auteur*).

757. Recherches sur la peinture des vases antiques, par Deville. *Rouen* 1842, in-8, br.

758. Mémoire sur un vase peint inédit de fabrique

corinthienne, par Raoul Rochette. *Paris*, 1848, gr. in-8, br., 2 pl. color.

759. Lettre à M. Gerhard sur deux vases peints de style et de travail étrusques, par Raoul Rochette. *Paris*, 1835, in-8, br., 2 pl. col. (*envoi d'auteur*).

760. Lettre à M. De Witte sur trois nouveaux vases historiques, par Ch. Lenormant. *Paris*, 1848, in-8, br., 6 pl. (*envoi d'auteur*).

761. Vases peints. 7 broch. in-4 et in-8,
Dont: Lenormant, Introd. à l'étude des vases peints 1re part.; l'expiation d'Oreste par De Witte; Hercule et Gerion par le même; sur quelques noms d'artistes omis ou insérés à tort dans le catalogue Sillig par Raoul Rochette, etc.

762. Le lever du soleil, sur un vase peint du musée Blacas, publié par Panofka. *Paris*, 1833, in-4, br., 2 pl. (*envoi d'auteur*).

763. Rathgeber. Nike in hellenischen Vasenbildern, von Rathgeber. *Gotha*, 1851, in-fol., cart.

764. Panofka. Der Tod des Skiron und des Patroclus ein Vasenbild des Kœniglichen Museums. *Berlin*, 1836, gr. in-4, br., 4 pl. color. (*envoi d'auteur*).

765. Mémoire sur les représentations figurées du personnage d'Atlas, par Raoul Rochette. *Paris;* 1835, in-8, br.

766. Notice sur le vase de Midias au musée Britannique, par Gerhard. *Berlin*, 1840, in-4, 2 pl., br. (*envoi d'auteur*).

767. Memoria sobre os vasos murrhinos, por José da Costa de Macedo. *Lisboa*, 1842, gr. in-4, br., 3 pl. color. (*envoi d'auteur*).

768. Mémoire sur Hercule et Géryon, par De Witte. *Paris*, 1841, gr. in-8, br., pl. (*envoi d'auteur*).

769. Mémoire sur la collection de vases antiques trouvée en 1830 à Berthouville (arr. de Bernay), par Aug. Le Prévost. *Caen*, 1832, in-4, cart., 15 pl.

Inscriptions, chartes, diplomes, etc.

770. De l'importance de l'épigraphie en général, et de l'épigraphie locale en particulier, par Rouard. *Aix*, 1849, in-8, br., 4 pl.

771. Thom. Reinesii Syntagma inscriptionum antiquarum, cum primis Romæ veteris, quarum omissa est recensio in Gruteri opere, cum comment. *Lipsiæ*, 1682, in-fol., v. br.

772. Jani Gruteri corpus inscriptionum ex recensione et cum annotationibus Georgii Grævii. *Amsteledami*, 1707, 3 vol. in-fol., fig., cart. non rog.

> Bel exemplaire en grand papier, vendu en papier ordinaire 114 fr. Raoul Rochette.

773. Marmorum Oxoniensium inscriptiones græce ad Chandleri exemplar editæ curante Gul. Roberts. *Oxonii*, 1791, pet. in-8, v. gr. fil.

774. Inscriptiones græcæ ineditæ. Collegit ediditque Lud. Rossius. *Naupliæ*, 1834-1845, 3 part. en 1 vol. in-4, cart., avec pl. (*vendu* 20 *fr. R. R.*).

775. Mélanges d'épigraphie, par Léon Renier. *Paris*, 1854, gr. in 8, br. (*envoi d'auteur*).

776. Horapollinis Niloi hieroglyphica, edidit Leemans. *Amst.* 1835, in-8, br., fig., color.

777. Recherches sur l'origine, la destination chez les anciens, et l'utilité actuelle des hiéroglyphiques d'Horapollon, par Ch. Lenormant. *Paris*, 1838, in-4, d.-rel., m.

> Dans le même vol. : Quaestio cur Plato Aristophanem in convivium induxerit.

778. Jablonski opuscula, quibus lingua et antiquitas ægyptiorum, difficilia librorum sacrorum loca, etc. edidit Guil. Te Water. *Lugd. Bat.* 1804-1813, 4 vol. in-8, v. ant. fil.

779. Essai sur les hiéroglyphes ou nouvelles lettres sur ce sujet (par le chev. de Palin). *Weimar*, 1804, in-4, fig., br. (*exempl. avec la sig. de Langlès et une note*).

780. De l'Etude des hiéroglyphes. Fragments (par De Palin). 1812, 5 vol. in-12 cart.

781. Lettre à M. Dacier relative à l'alphabet des hiéroglyphes phonétiques, par Champollion. *Paris*, 1822, in-8, br., 4 pl.

782. Aperçu sur les hiéroglyphes d'Egypte, par Brown. *Paris*, 1827, gr. in-8, br., pl.

783. Essai sur le système des Hiéroglyphes phonétiques du d[r] Young et de Champollion, par H. Salt, trad. de l'anglais, par Devere. *Paris*, 1827, gr. in-8, br., 4 pl.

784. Examen critique des travaux de feu Champollion sur les Hiéroglyphes, par Klaproth. *Paris*, 1832. gr. in-8, br., 3 pl.

785. Examen de quelques points des doctrines de Champollion relatives à l'écriture hiéroglyphique des anciens Egyptiens, par Dulaurier. *Paris*, 1847, in-4, br., 8 pl. (*envoi d'auteur*).

786. Lettre sur l'interprétation des Hiéroglyphes égyptiens adressée à M. Prisse d'Avennes, par Michelange Lanci. *Paris*, 1847, gr. in-8, fig. br.

787. Lecture littérale des hiéroglyphes et des cunéiformes, par l'auteur de la Dactylologie (M. Barrois). *Paris*, 1853, gr. in-4, br., planches.

788. Hiéroglyphes egyptiens. 8 brochures par Salvolini, Dulaurier, Emm. de Rougé, De Sacy, Champollion, Arago, etc.

789. Analyse grammaticale du texte démotique du décret de Rosette, par De Saulcy. *Paris*, *Didot*, 1845, in-4, br. (*première partie*).

790. Notice sur les manuscrits autographes de
Champollion le jeune. *Paris*, 1842, in-8,br.

791. Gerhardi Tychsen De Cuneatis inscriptionibus
persepolitanis lucubratio. *Rostochii*, 1798, pet.
in-4, fig., d.-rel.

792. Tentamen Palaeographiae Assyrio-Persicae,
sive simplicis compendii ad explicandum antiquis-
sima monumenta populorum qui olim circa Me-
diam asiam habitarunt, praesertim vero cuneatas
quas vocant inscriptiones, auctore henr. Lichtens-
tein. *Helmstadii*, 1803, in-4, cart., 9 planches.

   Vendu 33 fr. Silvestre de Sacy.

793. Sur Ninive, 7 br. in-4 et in-8.

   Dont: de Saulcy, sur les inscriptions assyriennes de
   Ninive; Hoefer, sur les ruines de Ninive; De Longperier,
   Ninive et Khorsabad; Tuch, de Nino Urbe etc.

794. Inscriptions from the ruins of Persépolis. *Du-
blin*, 1835, gr. in-4, br., 4 pl.

795. Etudes sur Ninive et Persépolis par Eichhoff.
— Essai sur la Mythologie du nord, par le même.
Lyon, 1852, gr. in-8, br.

796. Mémoire sur deux inscriptions cunéiformes
trouvées prés d'Hamadan, et qui font maintenant
partie des papiers du dr Schulz, par Eug. Burnouf.
Paris, Imp. roy., 1836, in-4, br. avec planches
(*envoi d'auteur*).

   Vendu 19 fr. Walckenaer.

797. Die assyrische Keilschrift erlautert durch zwei
noch nicht bekannt gewordene Jaspis-Cylinder aus
Niniveh und Babylon von Dorow. *Wiesbaden*,
1820, in-4, br., 3 pl.

798. Lassen. Die altpersischen Keil-inschriften von
Persepolis. *Bonn*, 1836, in-8, br., pl.

799. Lassen und Westergaard: Ueber die Keilinschriften der ersten und zweiten Gattung. *Bonn*, 1845,
in-8, br., pl.

800. Mémoire sur l'écriture cunéiforme assyrienne, par Botta. *Paris, imp. nat.*, 1848, in-8, br. (*envoi d'auteur*).

801. Remarques sur la deuxième écriture cunéiforme de Persepolis, par Lowenstern. *Paris*, 1850, br. in-4.

802. Exposé des éléments constitutifs du système de la troisième écriture cunéiforme de Persepolis, par Lowenstern. *Paris*, 1847, gr. in-8, fig. br.

803. Die dritte Gattung der achamenischen Keilinschriften erlautert von Stern. *Gottingen*, 1850, in-8, br.

804. Bundehesh liber Pehlvicus e vetustissimo codice Hauniensi descripsit duas inscriptiones regis Saporis primi adjecit Westergaard. *Hauniae*, 1851, in-4, br. (*envoi d'auteur à M. Burnouf*).

805. Hamaker, Diatribe philologico-critica aliquot monumentorum punicorum, nuper in Africa repertorum, interpretationem exhibens. *Lugd. Batav*, 1822, in-4, br., 3 pl.

806. Aug. Boeckius Corpus inscriptionum Graecarum. *Berolini*, 1825-1856, in-fol., br.

> 11 fascicules formant les 3 premiers volumes et le commencement du 4e. C'est du reste tout ce qu'il y a de paru de cette importante collection.

807. Inscription grecque de Rosette, texte et trad. littérale accompagnée d'un commentaire, par Letronne. *Paris*, 1840, gr. in-8, br.

808. Essai sur le texte grec de l'inscription de Rosette, par Ch. Lenormant. *Paris*, 1840, in-4. br., pl.

809. Remarks on some inscriptions found in Lycia and Phrygia by Grotefend. *London*, 1832, br. in-4, (*offert par l'auteur*).

810. Handbuch der Roemischen Epigraphik, von Karl Zell. *Heidelberg*, 1850-52, 2 vol. gr. in-8, br.

811. Arneth. die Trajam inschrift in der nahe des eisernen Thores. *Wien*, 1856, in-4, br. pl.

812. Monographie de la table de Claude, par J.-B. Monfalcon, accompagnée du fac-simile de l'inscription gravée dans les dimensions exactes du bronze. *Lyon, Perrin*, 1851, gr. in-fol., map., dem.-rel. (*tiré à 100 ex. seulement*).

813. Inscriptions romaines de l'Algérie recueillies et publiées par Léon Renier. *Paris, Imp. imp.*, 1855, 7 livraisons, gr. in-4.

814. Notices by the Rev. T. Surridge of Roman inscriptions discovered at high Rochester, Risingham, and Rudchester, in Northumberland. *London*, 1853, gr. in-4, cart. en toile, 4 planches.

815. Inscriptions en vers du musée d'Aix (par Rouard). *Aix*, 1839, gr. in-8, pl. br. (*envoi d'auteur*).

Tiré à 100 exemplaires.

816. Zwolf roemische militaer diplome, bescrieben von Jos. Arneth, auf stein Gezeichnet von Camesina. *Wien*, 1843, in-4, 25 pl. br.

817. Arneth. Ueber das im Jahre 1851. Entdeckte hypocaustum und die inschrift der gens Barbia zu enns. *Wien*, 1856, in-4, br., 8 pl.

818. Inscriptions. 12 br. gr. in-8.

Mélanges épigraphiques par Léon Renier; sur l'inscription demotique de Philes ; sur qq. inscriptions latines de l'Ombrie et du Picenum par Noël des Vergers ; Inscriptiones latinae in terris Nassovicnsibus, etc.

819. Eug. de Rozière. formules Wisigothiques inédites, publiées d'après des mss. des Bibl. de St-Gaal et de Madrid. *Paris*, 1853-54, 2 br. in-8, (*envoi d'auteur*).

820. Sopra alcune antichita sarde ricavate da un manoscritto del XV seculo memoria da Alb. della Marmora. *Torino stamperia reale*, 1853, gr. in-4,

cart., avec 7 grandes planches et nombreuses fig. dans le texte.

821. Isola di Capri manoscritti inediti pubblicati dall'abate Romanelli. *Napoli*, 1816, in-8, pl. br.

NUMISMATIQUE.

824. Spanheimii dissertationes de praestantia et usu numismatum antiquorum. *Amst. Elzevir*, 1671, 2 vol. in-4, fig., v. br.

825. Eckhel. Nummi veteres anecdoti. *Viennae austriae*, 1775, in-4, 17 pl. br.

826. Addenda ad Eckhelii doctrinam numorum veterum. *Vindobonae*, 1826, in-4, port. cart.

827. Traité des monnoyes, de leurs circonstances et dépendances, par Boizard. *Paris*, 1692, in-12, v. br.

828. Saggio di ossservazioni numismatiche per Giulio Minervini. *Napoli*, 1856, gr. in-4, cart. 7 planches.

829. Gisb. Cuperi observationum libri tres. nummis elégantiss. illustrati. *Ultrajecti Elzevier*, 1670, pet. in-8, lit. gr. vél.

830. Numismatique. Opuscules posthumes de Pons d'Aix, recueillis et publiés par Ch. Giraud. *Aix*, 1836, in-8, fig. br.

831. Tôchon d'Annecy. Recueil sur les médailles, 1 vol. in-4, port. fig. d.-rel.

Contenant: Rech. historiques sur les médailles des nomes ou préfectures de l'Egypte. Paris Imp. Roy. 1822, 256 pag. — Mém. sur les médailles de Marinus 1817, 58 p. — Diss. sur les pierres antiques qui servaient de cachets aux médecins oculistes 1816, 70 p. — Notice sur une médaille de Visconti duc de Milan, 1816, 24 p. — Diss. sur l'époque de la mort d'Antiochus VII et sur deux médailles antiques de ce prince, 1813, 72 p.

832. Catalogue des médailles existant dans la monnaie royale. *Paris*, 1817, in-8, br.

833. Description des médailles antiques du cabinet de feu M. Allier de Hauteroche. par Dumersan. *Paris*, 1829, in-4, br. 16 planches.

834. Catalogue d'une partie de la collection de médailles du chev. de Horta, par Akerman. *Londres*, 1839, in-8, fig. br.

835. Description des médailles du cabinet de Magnoncourt, par Ad. de Longpérier, *Paris*, 1840, gr. in-8, pap. vél. br.

836. REVUE NUMISMATIQUE PUBLIÉE PAR CARTIER ET L. DE LA SAUSSAYE. *Paris*, du 1er Janvier 1844 à novembre 1858, incl. 15 ann. en livr. plus la table des 20 premiers volumes.

837. Almanach des monnaies. *Paris*, 1787, in-12, v. m. 11 pl.

838. Recherches numismatiques sur l'armement et les instruments de guerre des Gaulois par le marquis de Lagoy. *Aix*, 1849, in-4, br. 2 pl.

839. Poids des médailles grecques d'or et d'argent du cabinet royal de France, par Mionnet. *Paris*, 1839, in-8, br. (*envoi d'auteur.*)

840. Bockh. metrologische Untersuchungen uber Gewichte, munzfusse und masse des alterthuns in ihrem Zusammenhange. *Berlin*, 1838, in-8, br.

841. Panelii de Cistophoris. *Lugduni*, 1734, in-4, d,-rel. (*Médailles dans le texte*).

842. Sperlingii dissertatio de nummis non cusis tam veterum quam recentiorum. *Amst.* 1700, pet. in-4, d.-rel.

843. Aloysii Oderici Dissertationes et adnotationes in aliquot ineditas veterum inscriptiones et numismata. *Romae*, 1765, in-4, fig. dem.-rel. non rog.
 Ouvrage peu commun.

844. Lettre à M. le duc de Luynes sur les graveurs des monnaies grecques, par Raoul Rochette. *Paris, Imp. Roy.* 1831, br. gr. in-4, 4 pl.

845. Atlas de Géographie numismatique pour servir à la description des médailles antiques par Mionnet. *Paris,* 1838, gr. in-4, br. (*Envoi d'auteur*).

846. Notice dans laquelle il est prouvé qu'une médaille portant la tête du roi Mnaskyrès n'a pas plus existé que ce souverain même, son prétendu royaume et sa mère Arsé. *St.-Pétersbourg,* 1835, gr. in-4, br. pl. (*Envoi d'auteur.*)

847. Saggio Sopra alcune monete fenicie delle isole Baleari del cav. Alb. della Marmora. *Torino,* 1834, br. gr. in-4, 2 pl. (*Envoi d'auteur.*)

848. Notice sur quelques médailles grecques inédites, appartenant à des rois inconnus de la Bactriane et de l'Inde, par Raoul Rochette. *Paris, Imp. Royale,* 1834. — *Id.* Supplément 1835, 2 broch. in-4, 3 pl. (*Envoi d'aut.*)

849. Ariana antiqua a descriptive account of the antiquities and coins of Afghanistan : by H. Wilson. *London,* 1841, gr. in-4, cart. en toile n. rog. 32 planches.

Vendu 50 fr. Burnouf, 51 fr. Raoul Rochette.

850. Essai sur la numismatique des Satrapies et de la Phénicie, sous les rois Achaeménides par H. de Luynes. *Paris, Didot,* 1846. — *Id.* Supplém. ensemble 2 vol. gr. in-4, cart. 17 planches.

Exemp. en pap. de Holl. offert par l'auteur. Vendu 53 fr. Raoul Rochette.

851. Essai sur les médailles des rois perses de la dynastie Sassanide, par Ad. de Longpérier. *Paris, Didot,* 1840, gr. in-4, br., 12 pl.

Vendu 32 fr. Raoul Rochette.

852. Arsacidarum imperium, sive regum Parthorum

historia ac fidem numismatum accommodata, par J. Foy Vaillant. *Parisiis*, 1725, 2 vol. in-4, fig. v.

853. Diss. sur une médaille inédite d'Arsace XV, roi des Parthes, et sur quatre médailles d'Attambylus, roi de la Characène, par Grivaud de la Vincelle. *Paris*, 1817, in-4, br. pl.

854. Seleucidarum imperium, sive historia regum Syriae ad fidem numismatum accommodata, per Foy-Vaillant. *Luteciae Parisior.* 1681, in-4, v. br.

Avec la signature d'Anquetil Duperron sur le titre.

855. Coins of ancient Lycia before the reign of A-lexander, with an essay on the relative dates of the lycian monuments in the British museum, by Ch. Fellows. *London*, 1855, in-4, cart. en toile, 20 pl.

856. Panofka. Von einer anzahl antiker Weihges-chenke und den beziehungen ihrer geber zu den or-ten ihrer bestimmung. *Berlin*, 1840, gr. in-4, br., 4 pl.

857. Sylloge of ancient unedited coins of Greek cities and Kings, from various collections principally in Great Britain. by James Millingen. *London, Prin-ted for the author*, 1837, gr. in-4, pap. vél., br., 4 pl. (*avec envoi.*)

858. Numismata nonnulla graeca ex museo regis ba-variae hactenus minus accurate descripta edidit fr. Streber, in-4, avec pl., br.

859. Choix de médailles grecques. par De Luynes, *Paris, Didot*, 1840, gr. in-fol. en liv., 17 pl.

860. Études numismatiques sur quelques types rela-tifs au culte d'Hécate, par De Luynes. *Paris, Di-dot*, 1835, gr. in-4, cart. (*envoi d'auteur.*)

861. Diss. sur l'époque de la mort d'Antiochus Ever-

gètes et sur deux médailles antiques de ce prince, par Tôchon d'Anneci. *Paris*, 1815, in-4, pl. br.

862. Histoire des rois de Thrace et de ceux du Bosphore Cimmérien éclaircie par les médailles, par Cary. *Paris*, 1752, in-4, pl. v. m.

863. Mémoire sur quatre médailles du Bospore (*sic*) Cimmérien. *Saint-Pétersbourg*, 1808, in-4, br.

864. Essai historique sur les monnaies d'argent de la ligue achéenne, par Cousinéry. *Paris*, 1825, in-4, br., 5 pl.

865. Monnaies inédites ou peu connues de la Cilicie, par Langlois. *Paris*, 1854, in-8, br. 7 pl.

866. Recherches sur quelques points de l'histoire numismatique de la ville de Cnide, par Duchalais. *Paris*, 1850, in-8, br. pl. (*envoi d'aut.*)

867. Sigefridi Bayeri regiomontani Historia Osrhoena et Edessena ex numis illustrata. *Petropoli*, 1784, in-4, v. f. avec pl.

868. Notice sur quelques médailles grecques des rois de Chypre, par Borrell. *Paris*, 1836, in-4, pl. br.

869. Numismatique et inscriptions cypriotes, par H. De Luynes. *Paris*, 1852, gr. in-4, cart., 12 pl.
Ex. en papier de Hollande offert par l'auteur.

870. Friedlander. Die Oskischen Münzen. *Leipzig*, 1850, gr. in-8, br., 10 pl.

871. Das Alt italische schwergeldim K. K. Munz und antiken-cabinette zu Wien. Beschrieben von Custos Seidl. *Wien*, 1854, gr. in-8, br.

872. Réflexions sur les deux plus anciennes médailles d'or romaines qui se trouvent dans le cabinet de S. A. R. Madame. *Paris*, 1720. in-4, v. m.

873. Discours sur les médailles d'Auguste et de Tibère au revers de l'autel de Lyon, par F. Artaud. *Lyon*, 1820, in-4, br., 12 pl.

874. Médailles inédites de Posthume, par De Witte. *Paris*, 1845, gr. in-8, br., 3 pl. (*envoi d'aut.*)

875. Mémoire sur les médailles de Marinus, frappées à Philippopolis, par Tôchon d'Anneci. *Paris*, 1817, in-4, br. pl.

876. Mém. sur les monnaies antiques frappées dans la Numidie et dans la Mauritanie, par Duchalais. in-8, fig. br. (*envoi d'auteur.*)

877. Ad. Relandi de Nummis veterum hebraeorum, accedit diss. de marmoribus arabicis. *Traj. ad Rhen.* 1709, in-12, fig. v.

878. Description de quelques médailles inédites de Massilia, de Glanum, des Caenicenses et des Auscii, par le marquis de Lagoy. *Aix*, 1834, in-4, br. pl.

879. Essai d'interprétation des types de quelques médailles muettes émises par les Celto-Gaulois, par Jeuffrain. *Tours*, 1846, gr. in-8, br. 3 pl.

880. Notice sur l'attribution de quelques médailles des Gaules inédites ou incertaines, par le m. de Lagoy. *Aix*, 1837, in-4, br. pl.

881. Numismatique de la Gaule Narbonnaise, par L. de la Saussaye. *Blois et Paris*, 1841, gr. in-4, br. 23 pl. sur Chine. (*envoi d'auteur.*)

882. Essai de monographie d'une série de médailles gauloises d'argent imitées des deniers consulaires au type des Dioscures, par le marquis de Lagoy. *Aix*, 1847, in-4, pl. br.

883. Description de quelques monnaies mérovingiennes découvertes en Provence, par le marquis de Lagoy. *Aix*, 1839, in-4, pl. br. (*envoi d'auteur.*)

884. Recherches sur les monnaies des ducs héréditaires de Lorraine, par de Saulcy. *Metz*, 1841, gr. in-4, br. 36 planches. (*envoi d'auteur*).

885. Essai de classification des monnaies autonomes de l'Espagne, par De Saulcy. *Metz*, 1840, gr. in-8, br. 7 pl.

886. Essai sur les médailles antiques de Cunobelinus roi de la Grande-Bretagne, par De Lagoy, *Aix*, 1826, in-4, br.

887. Brennerus, Thesaurus nummorum Sueo-Gothicorum vetustus. *Holmiae*, 1731, in-4, cart. nomb. planches.

888. Numismatique, 14 br. in-8.

> Dont : proceendings of the Numismatic soc. of London; Notice sur les coll. num. de Gosselin ; Dupré, Observ. sur la classification des médailles antiques ; Diss. sur une médaille romaine frappée sous Tibère, par Deville; sur la monnaie obsidionale de Tournai, etc., etc.

889. Dië Capitels-und sedis vacanzmunzen und Médaillen der Deutschen Erz, Hochund unmittelbaren Reichsstifter, gesammelt und beschrieben von Zepernick. *Halle*, 1822, in-4,dem.-rel. 16 planches.

890. Manuel de l'amateur de jetons, par J. De Fontenay. *Paris*, 1854, in-8, br.

891. Essai sur l'explication d'une tessère antique portant deux dates ; et conjectures sur l'ère de la ville de Béryte en Phénicie, par De Hauteroche. *Paris*, *Didot*, 1820, in-4, fig. cart.

LITTERATURE.

LINGUISTIQUE.

892. Thrésor de l'histoire des langues de cest univers contenant les origines, conversions et ruines des langues, par Cl. Duret. *Imp. à Cologny*, 1613, in-4, vél.

893. Recherches curieuses sur la diversité des langues et religions, par Brerewood. *Paris*, 1640, in-8, vél. (*piq. de vers.*)

894. Creuzer. Zur Geschichte der classischen Philologie. *Francfurt*, 1854, in-8, br.

895. Sexti Pompei festi de Verborum significatione quæ supersunt cum Pauli epitome emendata et annotata a Car. Muellero. *Lipsiæ*, 1839, in-4, obl. br.

896. Phrynichi eclogae nominum et verborum atticorum cum notis divers. edidit Lobeck. *Lipsiæ*, 1820, in-8, v. f. fil.

897. Apollonius Dyscole. Essai sur l'histoire des théories grammaticales dans l'antiquité, par Egger. *Paris*, 1854, in-8, br.

898. Histoire générale et système comparé des langues Sémitiques, par Ernest Renan. *Paris, Imp. Imp.*, 1855, gr. in-8, br. (*envoi d'auteur*) 1re partie seule parue.

899. Etude sur l'idiome des Védas et les origines de la langue Sanscrite, par Ad. Regnier. *Paris*, 1855, gr. in-4, br. prem. partie (*envoi d'auteur*).

900. Parallèle des langues de l'Europe et de l'Inde, par G. Eichhoff. *Paris, Imp. royale*, 1836, gr. in-4, br. (*envoi d'autenr.*)

901. Institutiones ad fundamenta linguæ Persicæ cum chrestomathia maximam partem ex auctoribus ineditis collecta et glossario locupleti edidit Wilken. *Lipsiæ*, 1805, in-8, d.-rel

902. A Grammar of the Persian language, by Wil. Jones. *London*, 1783, pet. in-4, v.

903. Recherches sur les langues tartares, par Abel Rémusat. *Paris, impr. Roy.*, 1820, in-4, br. (tome 1er).

904. Chrestomathie mandchou, ou recueil de textes

mandchou, par Klaproth. *Paris, impr. Roy.*, 1828, gr. in-8, veau ant. à comp. dent. fers à fr.

Bel exempl. avec envoi d'auteur.

905. Mémoire sur la langue phénicienne, par le marq. de Fortia. *Paris*, 1830, in-8, br.

906. Traité de la formation des mots dans la langue grecque, par Ad. Régnier. *Paris*, 1855, in-8, br. (*envoi d'auteur*).

907. Méthode pour étudier la langue grecque, par Burnouf. *Paris*, 1836, in-8, br. (*envoi d'auteur*).

908. Ter. Varronis de lingua latina libri qui supersunt cum fragm. ejusdem accedunt notæ div. *Biponti*, 1788, in-8, v. rac.

909. Nic. Perotti Cornucopiæ : sive commentariorum linguæ latinæ. *Parisiis imp. per Udalricum Gering*, 1496, in-fol. rel.

910. Méthode pour étudier la langue latine, par Burnouf. *Paris,*, 1841, in-8, br. (*envoi d'auteur*).

911. Sancti Minerva seu de causis linguæ latinæ commentarius. *Lipsiæ*, 1793, 2 vol. in-8, d.-rel.

912. Essai sur les antiquités du Nord et les anciennes langues septentrionales, par Ch. Pougens. *Paris*, 1799, in-8, cart.

913. Essai sur les antiquités du Nord et les anciennes langues septentrionales, par Pougens, *Paris*, 1799, in-8, v. gr. dent.

914. Histoire de la langue et de la littérature des Slaves, Russes, Serbes, Bohêmes, Polonais et Lettons, par Eichoff. *Paris*, 1839, gr. in-8, br. (*envoi d'auteur*).

915. Dictionnaire étymologique de la langue françoise, par Ménage. *Paris*, 1750, 2 vol. gr. in-fol., dem.-rel.

916. Dictionnaire Grec-français, par Alexandre. *Paris*, 1852, gr. in-8, rel.

917. **Suidæ lexicon græce et latine**, textum græcum a quam plurimis mendis purgavit, notisque perpetuis illustravit : versionem lat. Æmylii Porti correxit, indicesque adjecit Kusterus. *Cantabrigiæ*, 1705, 3 vol. in-fol., rel. en vél. blanc cordé.

> Très-bel exemplaire en grand papier.

918. Jul. Pollucis onomasticum, gr. et lat., post Seberi editionem denuo emendatum, suppletum et illustratum. Præter Seberi notas acced. commentarius Jungermanni, itemque alius Jo. Kuhnii, etc. *Amstelod.*, 1706, 2 vol. in-fol., v. jasp.

> Edition la plus belle et la meilleure de ce lexique, bel exemplaire. Vendu 49 fr. Langlès.

919. Hesychii lexicon, cum notis doctoris virorum integris, vel editis antehac nunc auctis et emendatis, vel ineditis, etc. *Lugduni Batav.*, 1746-1766, 2 vol. in-fol. cart. non rog.

920. Dictionaire étymologique des mots françois dérivés du grec, par Morin. *Paris, impr. impér.*, 1809, 2 vol. in-8, d. rel.

921. Hesychii lexicon edidit Schow. *Lipsiæ*, 1792, in-8, v. rac. dent.

922. Edm. Castelli lexicon syriacum, edidit Michaëlis. *Gœttingæ*, 1788, 2 tom. en 1 vol. pet. in-4, v. ant. à comp. dent. (*Duplanil*).

923. **A Dictionary Persian, Arabic, and English**, with a dissertation on the languages, literature and manners of eastern nations, by John Richardson, a new edition, with numerous additions and improvements, by Ch. Wilkins. *London*, 1806-1810, 2 vol. gr. in-4, v. ant. dent. fers à fr. (*rel. de Duplanil*).

> Très-bel exemplaire de ce dictionnaire vendu 276 fr. Langlès.

924. **Grammaire et Dictionnaire de la langue**

TALENGA, dite vulgairement le Badega. in-fol., rel.
en veau.

Manuscrit du xviie siècle, d'une belle écriture et proba-
blement inédit, le dictionnaire contient à lui seul 460 p.
à 2 colonnes.

925. Glossæ sacræ Hesychii græce. Edidit Ernesti.
Lipsiæ, 1785, in-8, v.

926. Suidae et Phavorini glossæ sacræ græce. Edid.
Ernesti. *Lipsiæ*, 1786, in-8 d.-rel. v.

927. Glossaire nautique. Répertoire polyglotte de
termes de marine anciens et modernes, par Jal.
Paris Didot, 1848, gr. in-4 br. (*envoi d'auteur*).

928. Vocabolario degli accademici della Crusca.
Firenze, 1729, 6 vol. in-fol. v. m.

Bel exemplaire, de la meilleure édition.

929. Step. Bizantii ΕΘΝΙΚΩΝ edidit Westermann. *Lipsiæ*, 1839, in-8 br.

930. Codex Nasaraeus, liber Adami appellatus, sy-
riace transscriptus, latine que redditus, a M. Nor-
berg. *Londini*, 1815, 5 tom. en 2 vol. pet. in-4
v. ant. fers a fr. fil. (*Duplanil*).

931. De l'origine et de la formation des différents
systémes d'écritures orientales et occidentales, par
Pauthier. 1838, in-4 br. (*envoi d'auteur.*)

932. Essai sur l'histoire de l'instruction publique en
Chine, par Ed. Biot. *Paris*, 1847, 2 vol. in-8 br.
(*envoi d'auteur.*)

933. Historia et antiquitates universitatis Oxonien-
sis. *Oxonii e theatro Sheldoniano*. 1674, gr. in-
fol. front. gr. et port. v. f.

AUTEURS GRECS ET LATINS.

934. Bibliotheca historiæ litterariæ selecta. Edid. Jugler. *Ienæ*, 1754, 3 vol. in-8 vél.

935. Creuzer. Zur Geschichte der griechischen und romischen literatur. *Leipzig*, 1847, gr. in–8 br.

936. Œuvres complètes de Plutarque traduites du grec par Amyot, avec des notes par MM. Brotier, Vauvilliers et Clavier. *Paris, Janet et Cotelle*, 1818, 25 vol. in-8 br.

937. Quintiliani de institutione oratoria lib.; recensuit et annotatione explanavit Spalding. *Lipsiæ*, 1798-1816, 4 vol. gr. in-8, dos et coins de mar. vert. n. rog.

Bel exempl. en grand papier vélin.

938. Philodemi rhetorica ex herculanensi papyro lithographice Oxonii excusa restituit latine vertit. edid. E. Gros. *Parisiis Didot*, 1840, gr. in-8, br. (*envoi d'auteur.*)

939. Ciceronis opera, recensuit, cum var. lectionibus, notis criticis, indicibus rerum et verborum locupletiss. Schutz. *Lipsiæ*, 1814 à 1821, 20 tom. en 17 vol. in-12 d.-rel. v. ant.

940. Ciceronis opera, cum delectu commentariorum (studio Jos. Oliveti). *Parisiis Coignard*, 1740, 9 vol. in-4 front. gr. v. f. fil. tr. dor. (*bel exemplaire*).

941. Oratores attici ex recensione Imm. Bekkeri. *Berolini*, 1823, 5 vol. in–8 v. ant. fil.

Bel exempl. en papier vélin.

942. Themistii Orationes XXXIII, e quibus XIII

nunc primum editæ (gr. et lat.), Dion. Petavius latine plerasque reddidit ac notis illustravit : access. notæ et observ. Jo. Harduini. *Parisiis in typog. regia*, 1684, in-fol. rel. en vél. bl.

Edition la plus estimée.

943. Œuvres de Platon, traduites du grec en franc. avec des notes, par V. Cousin. *Paris*, 1822, tom. 1 à 5 in-8 br.

944. Platoni Timaeus. gr. et lat., edid. Ferd. Lindau. *Lipsiæ*, 1828, in-8 br.

945. Platonis dialogi græce et latine, ex recensione Im. Bekkeri. *Berolini*, 1816–1823, 10 vol. in-8 br.

946. Philosophiæ Chrysippæ fundamenta in notionum dispositione posita e fragm. restituit Petersen. *Hamburgi*, 1827, in-8 v. f. dent.

947. Essai sur la métaphysique d'Aristote, par Félix Ravaisson. *Paris, imp. roy.*, 1837–1846, 2 vol. gr. in-8 br.

Ouvrage couronné par l'Institut.

948. Theophrasti characteres ethici græce, cum versione latina Casauboni et notis de Paw. *Trajecti ad Rh.*, 1737, pet. in-8 v.

949. Plotini liber de pulchritudine. *Heidelb.* 1814, in-8 v. rac. fil.

950. Luciani Samos. Opera omnia gr. et lat. ad edit. Hemsterhusii et Jo. Reitzii accurate expressa, cum varietate lectionis et annotationibus. *Biponti*, 1789, 10 vol. in-8 v. rac. fil. (*bel exemplaire.*)

951. Œuvres de Lucien traduites du Grec avec des notes, (par Belin de Ballu). *Paris, Bastien*, 1788, 6 vol. in-8, port. br.

Traduction estimée, exemplaire bien complet avec les errata et le carton qui manque quelquefois.

952. Juliani imp. quae feruntur epistolae, graece et

latine, ed. Henr. Heyler. *Moguntiae*, 1828, in-8, br.

953. OEuvres complètes de l'emp. Julien traduites du grec en franç. avec des notes, par Tourlet. *Paris*, 1821, 3 vol. in-8, br.

954. Theopompi Chii fragmenta coll. disposuit et explicavit Wichers. *Lugd. Bat.*, 1829, in-8, br. (*ex. Letronne.*)

955. Auli Gellii noctium atticarum, lib XX, ex edit. Gronoviana; praefatus est, et excursus operi adjecit Conradus. *Lipsiæ*, 1762, 2 vol. in-8, v. m.

956. Maximi Tyrii dissertationes ex recens. Davisii, edidit Reiske. *Lipsiae*, 1774, 2 vol. in-8, v. ant. fil.

957. Nonni panopolitae Dionysiacorum, lib. XLVIII, suis et aliorum conjecturis emendavit et illust. Frid. Grafe. *Lipsiae*, 1819-26, 2 vol. in-8, br.

958. Nonni Dionysiacorum, lib. VI, res Bacchicas ante expeditionem Indicam complectentes ed. Moser. *Heidelbergae*, 1809, in-8, br.

959. Q. Ennii fragmenta ab hier. Columna conquisita disposita et explicata. *Amst.*, *Wetsten*, 1707, pet. in-4, tit. gr. vél.

960. Pherecratis et Eupolidis fragmenta ed. Runkellius. *Lipsiae*, 1829, in-8, br.

961. Pherecydis fragmenta, ed. Sturz. *Lipsiae*, 1824, in-8, br.

962. Manuelis Philae carmina ex codicibus Escurialensibus, florentinis, Parisinis et vaticanis nunc primum edidit E. Miller. *Parisiis, typ. imp.* 1855-57, 2 vol. gr. in-8, br. (*avec envoi.*)

963. Pet. Victorii commentarii in librum Demetrii Phalerei de elocutione *Florentiae, in off. Juntarum*, 1562, in-fol., d. rel. mar. non rog.

964. Cononis narrationibus L. edidit Kanne. Parthenii

narrationes amatoriae edid. Heyne. *Gottingae*, 1798, in-12, d. rel. v. f.

965. Joan. Tzetzae antehomerica et posthomerica e codicibus edidit et comm. instruxit fr. Jacobs. *Lipsiae*, 1793, in-8, br.

966. Banquet des savants par Athénée, traduit par Lefebvre de Villebrune. *Paris, Imp. de Monsieur*, 1789, 5 vol. in-4, d. rel.

967. Athenaeus (Gr.) ex recensione Dindorfii. *Lipsiae*, 1827, 3 vol. in-8, d. rel. v. f. (*ex. Letronne.*)

968. Martiani Capellae de Nuptiis philologiae et Mercurii lib. II, edid. Goez. *Norimb.*, 1794, in-12, br.

969. Orphica cum notis H. Stephani, Eschenbachii, Gesneri, etc., recensuit Hermannus. *Lipsiae*, 1805, in-8, br.

970. Homeri Ilias et Odyssea, Gr. ex recensione Wolfii. *Lipsiae*, 1807, 4 vol. pet. in-8, v. rac. fil.

971. Prolegomena ad homerum sive de carminum homericorum origine et aetate. scripsit Payne Knight. edid. Ruhkopf. *Lipsiae*, 1816, in-8, v. ant. fil.

972. Homeri hymnus in Cererem, nunc primum editus a Ruhnkenio. *Lipsiae*, 1827, in-8, br.

973. Eustathii, archiep. Thessal. Commentarii ad Homeri Iliadem et Odysseam, ad fidem exempli romani editi, gr.; cum indice Math. Devarii. *Lipsiae, Weigel*, 1825-30, 7 vol. in-4, br.

974. Hesiodi ascraei quae exstant. gr. et lat. ex recens. Robinson, cum ejusdem et variorum notis. curante Loesnero. *Lipsiae*, 1778, in-8, v. m.

975. Hesiodi scutum herculis cum gramm. scholiis graecis, ed. Heinrich. *Vratislaviae*, 1802, in-8, br.

976. Sapphonis mytilenaeae fragmenta specimen

operae in omnibus artis graecorum lyricae reliquiis
excepto Pindaro collocandae proposuit fr. Neue.
Berolini, 1827, in-4, br.

977. Callimachi hymni, epigrammata et fragmenta
cum notis div.; textum recensuit, latine vertit atque
suas notas adjecit Ernesti. *Lugd. Bat.*, 1764, **2**
vol. in-8, rel. en vél.

La meilleure édition que nous ayons de ce poète.

978. Hymnes de Callimaque, avec une version franç.
et des notes (par de La Porte du Theil). *Paris,
Imp. roy.*, 1775, in-8, v., éc., fil. tr. dor.

979. Poème allégorique de Meliteniote, publié d'a-
près un ms. grec de la Bibl. Imp. par Miller.
Paris, Imp. imp. 1857. in-4, br. *(envoi d'auteur.)*

980. Gnomici poetae graeci, emendavit Brunck.
Argentorati, 1784, pet. in-8, v., ant., fil.

981. Historiae poeticae scriptores antiqui: Apollo-
dorus, Conon, Ptolemaeus, Parthenius, ant. Liberalis, gr. et lat. *Parisiis*, 1675, in-8, v., br.

982. Sylloge epigrammatum graecorum ex marmoribus et libris collegit et illust. Welker. *Bonnae*,
1828, in-8, br.

983. Apollonii Rhodii Argonautica (graecc), edid.
Aug. Wellaver. *Lipsiae*, 1828, 2 tom. en 1 vol.
in-8, v., f. fil.

984. L'Expédition des argonautes, poème d'Apollonius de Rodes, trad. par Caussin. *Paris, an V,*
in-8, d.-rel., v.

985. Apollonii Rhodii argonautica, edid. Brunck.
Argentorati, 1780, pet. in-8, v., f. fers à fr.
dent. *(rel. de Duplanil)*.

986. Argonautique de Valérius Flaccus, poème trad.
en vers franç. (texte en regard), par Dureau de
Lamalle. *Paris*, 1811, 3 vol. in-8, v. rac.

987. Métamorphoses d'Ovide, traduites par Fontanelle. *Lille*, 1777, 2 vol. in-8, fig. v.

988. Stobaei eclogarum physicarum et ethicarum lib. II (gr. et lat.). *Gottingae*, 1792, 4 vol. in 8, br.

989. Coluthi raptus helenae recensuit ad fidem cod. mss. ac variantes lectiones et notas adjecit Daniel a Lennep. *Leovardiae*, 1747, in-8, br.

990. Guerre de Troie, poëme de Quintus de Smyrne, trad. en français par Tourlet. *Paris*, 1800, 2 vol. in-8, fig. d.-rel., v.

991. Critiae Tyranni carminum aliorumque ingenii monumentorum quae supersunt : ed. Nic. Bachius. *Lipsiae*, 1827, in-8, br.

992. Poetae latini minores, Jo Wernsdorf curavit. *Altenburgi*, 1780-98, 10 tom. en 6 vol. in-8, dos et coins de v. f. à nerfs.

Bel exemplaire qui nous paraît être en papier fin.

993. Lactantii Symposium, sive centum epigrammata tristica aenigmatica, cum notis Heumanni et varior. *Hanoverae*, 1722, pet. in-8., v. ant. fil. fers à fr. (*Duplanil*).

994. Le Théâtre des Grecs, par le P. Brumoy, édition revue, corrigée et augmentée par Raoul-Rochette. *Paris, Cussac*, 1820, 14 vol. in-8, br.

995. Aeschyli tragoediae recensuit Schulz. *Halae*, 1809, 3 vol. in-8, d.-rel., v.

996. Welcker. Die Aeschylische Trilogie. *Darmstadt*, 1824. — Suppl. *Francfurt*, 1826, 2 vol. in-8, v. ant. dent.

997. Sophoclis tragoediae (gr.) ad optimorum librorum fidem recensuit et brevibus notis instruxit Erfurdt ; editio secunda, cum annot. Hermanni. *Lipsiae*, 1809-25, 7 vol. in-8, d.-rel., v. ant.

998. Euripidis tragoediae et fragmenta recensuit Matthiae. *Lipsiae*, 1813, 8 vol. in-8, d.-rel. v.

999. Théatre d'Aristophane traduit en franç. par
Poinsinet de Sivry. *Paris*, 1790, 2 vol. in-8, v.
rac. fil.

1000. Cratini veteris comici graeci fragmenta collegit
et illust. Runkel. *Lipsiae*, 1827, in-8, br.

1001. Plauti comoediae cum comm. ex variorum
notis et observ. ex recensione fr. Gronovii cum
praefatione Ernesti. *Lipsiae*, 1760, 2 vol. in-8, v.
gr. fil.

1002. Le Maschere sceniche e le figure comiche d'antichi romani descritte da Fr. de Ficoroni. *Roma*,
1748, in-4, vél., 84 planches.

1003. Longi pastoralium de Daphnide et Chloe lib.
IV gr. et lat. accedunt Xenophontis ephesiacorum
de Amoribus Anthiae et Abrocomae lib. V, edid.
Mitscherlich. *Biponti*, 1794, in-8, v. f. fil.

1004. Heliodorus aethiopica, graece, edente Coray.
Parisiis, 1804, 2 vol. in-8, v. gr. fil.

1005. Heliodori Aethiopicorum lib. X, graece et
latine, textum recog., selectamque lectionis varietatem adjecit Mitscherlich. *Argentorati anno VI*,
2 vol. in-8, v. f. fil.

1006. Achillis Tatii de Clitophontis et Leucippes
amoribus lib. VIII gr. et lat. textum recognovit,
selectam lectionis varietatem adjecit Mitscherlich.
Biponti, 1792, in-8, v. f. fil.

1007. Charitonis de Chaerea et Callirrhoe amatoria-
rum narrationum lib. VIII. graece et latine Jac.
d'Orville publicavit animadv. adjecit Reiske latine
vertit. *Lipsiae*, 1783, in-8, d.-rel. v. (*Duplanil*).

1008. Appuleii opera omnia, cum notis integris P.
Colvii, J. Woweri, Godescalci Stewechii et aliorum,
imprimis cum animadv. ineditis Fr. Oudendorpii.
Lugd. Batav, 1786–1823, 3 vol. in-4, cart.

  Edition la plus complète et la meilleure des œuvres
d'Apulée,

1009. Apulée trad. nouvelle par Bétolaud (texte en regard). *Paris Panckoucke*, 1835, 4 vol. in-8, br.

1010. OEuvres de Macrobe, traduites par De Rosoy. *Paris, Didot*, 1827, 2 vol. in-8, pap. vél. br.

1011. Lucani Pharsalia, cum scholiaste hucusque inedito et notis integris et excerptis variorum. curante Oudendorpio. *Lugduni Batav*, 1728, 2 vol. in-4, front gr. v. m. fil.

Edition estimée.

AUTEURS FRANÇAIS ET ÉTRANGERS.

1012. Librorum Fr. Petrarchae impressorum annotatio (opera). *Imp. Venetiis per Bivilaquam*, 1503, in-fol. à 2 col. rel.

1013. Les Ruines ou méditations sur les révolutions des empires par Volney. *Paris*, 1817, in-8, d.-rel.

1014. Des compensations dans les destinées humaines par Azaïs. *Paris*, 1810, 3 vol. in-8, br.

1015. OEuvres de Brantôme. *Paris, Bastien*, 1787, 8 vol. in-8, port. br.

1016. OEuvres complètes de Volney. *Paris*, 1826, 8 vol. in-8, br.

1017. Bibliothèque Elzévirienne. 9 vol. cart.

Académie de peinture, vie des peintres, la Floride, Internelle consolation, la Bruyère, la Rochefoucauld, le Ch. de la Tour Landry, St-Aubin.

1018. Yajnadattabada, ou la mort d'Yadjnadatta, épisode extrait du Ramayana, poëme épique sanscrit, donné avec le texte gravé, une analyse grammaticale, une traduction française et des notes, par Chézy. *Paris*, 1826, gr. in-4, br.

1019. La Poésie philosophique et religieuse chez les

Persans, le langage des oiseaux, par Garcin de Tassy. *Paris*, 1856, gr. in-8, br. (*envoi d'auteur*).

1020. Biblioth. Elzevirienne, Poésie. 10 vol. cart.
  J. de Lescurel. Villon, Rog. de Collerye, Regnier, St-
  Amant, Senecé, Chapelle et Bachaumont, Théophile.

1021. Irlande poésies des Bardes, précédées d'un
essai sur ses antiquités par O'Sullivan. *Paris*,
1853, in-8, br. (tome Ier *seul paru*).

1022. Histoire de la Poésie scandinave, prolégo-
mènes, par Edel. du Méril. *Paris*, 1839, in-8, br.
(*envoi d'auteur*).

1023. OEuvres poétiques de Bignan. *Paris*, 1846,
2 vol. gr. in-8, br. (*envoi d'auteur*).

1024. La divine comédie du Dante, traduite en français, texte en regard, par Artaud. *Paris, Didot*,
1828-30, 9 vol. in-32, pap. vél. br.

1025. Li Romans de Garin le Loherain, publié par
Paulin Paris. *Paris, Techener*, 1833, in-8, pap.
de Holl. br.

1026. Floire et Blanceflor, poëmes du xiiie siècle,
publiés par Edelestand du Méril. *Paris*, 1856,
in-12, pap. de Holl., cart. non rog.

1027. Le comte Lucanor, apologues et fabliaux du
xive siècle, trad. pour la première fois de l'espagnol par Ad. de Puibusque. *Paris*, 1854, in-8, br.
(*envoi d'auteur*).

1028. L'apparition de Jehan de Meun ou le songe
du prieur de Salon, par Hon. Bonnet. *Paris, Silvestre*, 1845, pet. in-4, pap. de Holl., fig., br.
  Publié par la Société des bibliophiles français et tiré à
  100 exemp. seulement.

1029. Biblioth. Elzevirienne, facéties. 5 vol. cart.
  XV joyes de mariage, évangile des Quenouilles, nouvelle fabrique des traits de vérité.

1030. Biblioth. Elzevirienne, ROMANS ET CONTES. 7 vol. cart.

> Mélusine, Roman bourgeois, Jean de Paris, Six mois de la vie d'un jeune homme, Don Juan de Vargas, Hitopadesa, Nouvelles du XIIIe siècle.

1031. Orlando Furioso di Lod. Ariosto. *Venegia Giolito*, 1554, in-8, fig., v. br.

1032. Les souffrances du jeune Werther, par Gœthe, traduites par le comte Henri de la B... (Bédoyère). *Paris, impr. de Crapelet*, 1845, in-8, br.

> Exemplaire en pap. de Holl.

1033. The life and exploits of Don Quixote de la Mancha, translated by Ch. Jarvis. *London*, 1821, 4 vol., port. fig., mar. vert, fil. dent., tr. dor.

1034. Iu-Kiao-li, ou les deux cousines, roman chinois, trad. par Abel Rémusat. *Paris*, 1826, 4 vol. in-12, br.

1035. Ancien théâtre françois, ou collection des ouvrages dramatiques les plus remarquables depuis les mystères jusqu'à Corneille. *Paris, Jannet*, 9 vol. in-12, cart. non rog.

1036. Office de Pâques ou de la résurrection accompagné de la notation musicale et suivi d'hymnes et de séquences inédites, publié pour la première fois d'après un ms. du XIIe siècle, par V. Luzarche. *Tours*, 1856, gr. in-8, fac.-sim. br.

> Exemplaire de présent en grand papier vélin de couleur.

1037. Adam, drame anglo-normand du XIIe siècle, publié pour la première fois d'après un ms. de la biblioth. de Tours, par V. Luzarche. *Tours*, 1854, gr. in-8, br.

> Exemplaire d'envoi en grand papier de Hollande.

1038. Jean Daillon, Seigneur du Lude, chambellan de Louis XI, drame historique en vers octosyllabiques. *Paris*, 1854, gr. in-8, br.

> Cet ouvrage n'a pas été mis dans le commerce.

1039. The dramatic works of Shakespeare. *Paris,
Baudry,* 1838, gr. in-8, à 2 col. port. cart. non rog.

1040. Chefs-d'œuvre de Shakespeare, traduction française en regard et des notes critiques et historiques,
par O'Sullivan. *Paris,* 1837, in-8, br.

1041. OEuvres dramatiques de Schiller. traduites de
l'allemand. *Paris,* 1821, 6 vol. in-8, dem.-rel.

HISTOIRE LITTÉRAIRE, BIBLIOGRAPHIE, CATALOGUES.

1042. De la littérature des Goths. *Genève.* 1837, in-8,
br. (*envoi d'auteur*).

1043. Histoire littéraire de la France avant le XII°
siècle, par Ampère. *Paris,* 1839, 3 vol. in-8, br.
(*envoi d'auteur.*)

1044. Histoire de la littérature française au moyen-
âge comparée aux littératures étrangères, par
Ampère. *Paris,* 1841, in-8, br. (*envoi d'auteur.*)

1045. Notice d'un ms. appartenant à la bibl. de Marseille, suivie d'un aperçu sur les Epopées proven-
çales du moyen-âge, par Hubaud. *Marseille,*
1853, in-8, br. (*envoi d'auteur.*)

1046. Bachaumont. Mémoires secrets pour servir à
l'histoire de la république des lettres. *Londres,*
1780, 36 tom. en 18 vol. in-12, dem.-rel. fatiguée.

1047. Photii myriobiblon, sive bibliotheca librorum,
quos legit et censuit Photius ; gr. edidit Hoesche-
lius et notis illustravit ; latine vero reddidit et scholiis auxit And. Schottus. *Rothomagi,* 1653, in-fol.
v. br.

     Edition la plus recherchée.

1048. Photii Bibliotheca ex recensione Imm. Bekkeri.
Berolini, 1824, 2 vol. in-4, br.

1049. Alb. Fabricii bibliographia antiquaria sive introductio in notitiam scriptorum qui antiquitates hebraïcas, graecas romanas et christianas scriptis illustrarunt. *Hamburgi*, 1760, in-4, dem. rel.

1050. Fabricii bibliotheca latina ed. Aug. Ernesti. *Lipsiae*, 1773, 3 vol. in-8, v. ant. fil. (*rel. par Duplanil.*)

1051. Mat. Norbergi selecta opuscula academica, edidit Norrmann. *Londini Gothorum*, 1817, 3 vol. in-12, dem.-rel. v. ant.

1052. Mémoires d'histoire et de littérature orientale, par Silvestre de Sacy. *Paris, Imp. royale*, 1818, in-4, fig. br.

1053. Mélanges posthumes d'histoire et de littérature orientales, par Abel Rémusat. *Paris, Imp. royale*, 1843, in-8, br.

1054. Mélanges d'histoire littéraire, par Guil. Favre avec des lettres inédites de Schlegel et d'Angelo Mai recueillis par sa famille et publiés par J. Adert. *Genève*, 1856, 2 vol. gr. in-8, br.

1055. Bibliothèque asiatique et africaine, ou catalogue des ouvrages relatifs à l'Asie et à l'Afrique qui ont paru jusqu'en 1700, par Ternaux Compans. *Paris*, 1841, in-8, br.

1056. Histoire de l'Académie françoise, par Pelisson et d'Olivet. *Paris*, 1730, 2 vol. in-12 v. m.

1057. HISTOIRE DE L'ACADEMIE ROYALE DES INSCRIPTIONS ET BELLES LETTRES, DEPUIS SON ÉTABLISSEMENT. *Paris, imp. roy.*, 1717-1808. 50 vol. in-4, plus la table, tome 51 et le tableau général (par Delaverdy). *Paris*, 1791, 1 vol.

Formant ensemble 52 vol. dont les 31 premiers sont reliés, le reste broché.

1058. MÉMOIRES DE L'INSTITUT ROYAL DE FRANCE. Académie des inscriptions et belles-lettres, 1831-1855, 17 vol. in-4 cart.

Tomes 9, 10, 11 (table des matières), **12** 2 part.; **13** 2 part.; 14 2 part.; 15 1re part.; 16 2 part.; 17 2e part.; 18 2 part.; 19 2 parties.

1059. MÉMOIRES DE L'INSTITUT NATIONAL DES SCIEN-
CES ET DES ARTS. Littérature et beaux-arts. *Paris,*
an VI, an XI, 4 vol. in–4 cart.

1060. MÉMOIRES DE L'INSTITUT. 1re série. Sujets di
vers d'érudition. 4 vol. in-4 cart.

1061. NOTICES ET EXTRAITS DES MANUSCRITS DE LA
BIBLIOTHÈQUE DU ROI. *Paris, imp. roy.,* 1787-
1851, 17 vol. in-4, les 10 premiers en belle rel.
v., la suite cart.

1062. Nouvelles recherches sur l'origine de l'imprimerie, par Léon de Laborde. *Paris, Techener,*
1840, gr. in–4 *fac-sim.* cart.

    Dans le même vol.: la plus ancienne gravure du cabi-
net des estampes de la bibl. roy. est elle ancienne, par
De Laborde avec fac-sim.

1063. Débuts de l'imprimerie à Strasbourg, ou recherches sur les travaux mystérieux de Gutenberg
dans cette ville, par de Laborde. *Paris,* 1840, gr.
in-8 fig. et *fac-sim.* br.

1064. Specimen historicum typographiæ romanæ XV.
sæculi opera et studio Laire. *Romæ,* 1778, in-8
d.-rel.

1065. Précis historique sur l'imprimerie nationale
et ses types, par **A.** Duprat. *Paris,* 1848, gr. in-8
d.-rel. mar.

1066. Etudes pratiques et littéraires sur l'imprimerie,
par Crapelet. *Paris,* 1837, gr. in-8 pap. de Hollande br.

1067. Mémoire historique sur la bibliothèque dite
de Bourgogne, par De la Serna Santander. *Bruxelles,*
1809, in-8 br.

1068. Bibliographie de la ville de Lyon, par Monfalcon. *Lyon,* 1841, gr. in-8 br. (*envoi d'auteur*).
— Nouv. recherches sur les éditions lyonnaises du

xve siècle, par Pericaud. *Lyon*, 1840, br. gr. in-8.

1069. Dictionnaire typographique, historique et critique des livres rares, estimés et recherchés en tous genres par Osmont. *Paris*, 1768, 2 vol. in-8 v. m.

1070. Notice d'un livre imprimé à Bamberg en 1462, par Camus. *Paris*, an vii, br. in-4 avec pl.

1071. Réponse à une incroyable attaque de la bibliothèque nationale touchant une lettre de Michel de Montaigne, par Feuillet de Conches. *Paris*, 1851, gr. in-8 *fac-sim.* br. (*envoi d'auteur*).

Catalogues.

1072. Catalogue des livres rares et précieux, manuscrits, livres imprimés sur vélin, etc., de Chardin, 1811 et 1823, 2 vol. in-8 br.

> Le premier contient les prix d'estimation du propriétaire, le second, les prix de vente et les noms des acquéreurs.

1073. — Bibliothèques du Palais-Royal, de Neuilly et du château d'Eu. 1853, 4 part. in-8 br.

1074. — Duc d'Aumont, 1782, in-8 br. prix.

1075. — Holbach (le baron d'), 1789, in-8 br. (*prix et noms d'acquéreurs.*)

1076. — Larcher. 1814. in-8. br. (*prix*).

1077. — Langlès, 1825. in-8, v.. viol., fil. fers à fr. (*Duplanil*).

> Prix imprimés.

1078. — Rémusat (Abel), 1833, in-8. br.

1079. — Poncelet, 1844, in-8, br.

1080 — De Saint-Mauris, 1848, in-8, br. (*prix imp.*).

1081. — Letronne, 1849, in-8, br.

1082. — Quatremère de Quincy, 1830, in-8, port.. br.

1083. — Monmerqué, 1851, in-8. br.

1084. — Peignot, 1852, in-8, br.

1085. — Walckenaer, 1853, in 8, br.

1086. — Debure, 1853, in-8, br.

1087. — Burnouf, 1854, in-8, br.

1088. — Coste de Lyon. 1854, in-8, br.

1089. — Renouard, 1854, in-8, br.

1090. — Béarzi, 1855, gr. in-8, br.
    Ex. en grand papier avec prix.

1091. — Giraud (Ch.), 1855, in-8, br.

1092. — Raoul-Rochette, 1855, in-8, br.

1093. — Warenghien, 1855, in-8, br. et suppl.

1094. — Duplessis, 1856, in-8, br.

1095. — Catalogues divers qui seront vendus par lots.

TABLE DES DIVISIONS.

LITTÉRATURE.

Paris. — Typ. Gaittet, rue Git-le-Cœur, 7.

PARIS — TYPOGRAPHIE GAITTET

Rue Git-le-Cœur, 7

www.ingramcontent.com/pod-product-compliance
Lightning Source LLC
LaVergne TN
LVHW021856170726
843503LV00003B/1263